All Voices from the Island

島嶼湧現的聲音

憂鬱的編年

電影
《憂鬱之島》
與
香港的身分探詢

陳梓桓　羅永生　林耀強　周永康　駱頴佳　謝曉虹　林易澄　潘達培——著

CONTENTS
目錄

【序】

讓我們把問題展開

⊙梁啟智（香港人，現任職中央研究院社會所）

《憂鬱之島》是一齣宏大的電影。從六〇年代說到一九八九再說到二〇一九，電影以影響當代香港最深刻的事件為錨，通過一場又一場歷史的震盪來刻劃這座城市的面貌。

它也是一齣細緻的電影。它的主體是人：文革時期從深圳冒險游水逃到香港的戀人，八九民運中到北京聲援的香港學生領袖，還有曾經因六七暴動入獄的愛國商人。

而把兩個極端串連起來的，是貫穿電影的一條問題：「香港，對你來講是什麼」。面對巨浪滔天的大時代，「香港是什麼」固然是一條宏大的命題；但是，加上了「對你來講」這個前設，又容許它變得細緻，可以一百個人有一百種解讀，是個眾數的香港。

或許正因如此，電影難免會引起爭議。文本開放，解讀不一，電影公映後既受到極高評價，同時也迎來不少批評。有曾親歷片中所訴說到的歷史場景的論者，認為電影對這些場景的處理有扭曲或混淆視聽之嫌。與此同時，由於電影用了不少重演方式來拍攝，進一步引發了過分演繹的指控。當虛擬的片段和真實的場景在片中被剪接在一起，會否讓觀眾無法分辨，或被導演或重演者的表達方式所誤導？甚至有人直接質疑：這還算是紀錄片嗎？

然而在今天的香港，有爭議，恐怕始終比沒有爭議好。

近年來，隨著香港的媒體空間的大幅收窄，認真的公共討論變得彌足珍貴。曾幾何時，來自不同觀點立場的評論可以在公開場合相互碰撞，通過反覆辯論深化議題，為香港的公民社會帶來活力。只是當日鼓勵這些碰撞的媒體，今日大多已被迫關門。

就連作為辯論文本本身的《憂鬱之島》，也未能在香港公開放映。各方的延伸討論，要靠海外或網上公映的觀眾提出。

我自己也是因為身在臺北，才有機會看到這電影的。電影讓人感動，在於它難能可貴的開放性。回索二〇一九年，有些黑白分明的片段固然是無法放下的；但要持續前行，則不單只要記住，還要去解拆歷代香港社會的種種傷口。作為「後二〇一九電影」的《憂鬱之島》，提供了這樣的一個機會。

正因如此，我們不想白白錯過電影所帶出的爭議。我們想抓住這個機會，把問題進一步地展開，回答時代的拷問。

今年（二〇二三）年初，臺灣飛地書店創辦人張潔平邀請了《憂鬱之島》的陳梓桓導演前來分享。辦完分享，意猶未盡，潔平提議找更多人來參與。於是我們再在四月舉辦了網上討論會，邀請梓桓和眾多學術、媒體，以及社會運動的領袖對談，回應從電影延伸出的眾多議題。討論會過後，我們再邀請討論會參與者和其他朋友，整理發言及撰寫專文，輯錄成此書。

本書分為兩部分。首先，在第一部分，我們先由多個角度展開電影帶出的問題：社會運動留下了什麼？當中的苦難有什麼社會意義？這些歷史又應該如怎樣被講述？當然，還有貫穿這些問題的核心：香港人是什麼？

對於身分認同的問題，首先有文化研究學者羅永生談到香港電影探討香港人身分問題的深厚傳統，以及《憂鬱之島》如何與觀眾一起直視這條問題。他認為電影的珍貴之處，正正在於對「過去」與「現在」的張力保持警覺，拒絕簡易約化的歷史訴說，為香港人身分問題的探討提供深度。

然後，我們邀請了曾到北京聲援八九民運並在電影中擔任其中一位主角的林耀強，他和於二〇一四年占領期間擔任香港專上學生聯會祕書長的周永康分別談到社會運動的意義、社會對過去運動不斷反覆更新的檢視和理解，以及不同理解之間的張力。林耀強認為，這些對運動的分析和反省是必須的，否則就無法走到新的結局；而周永康則認為，《憂鬱之島》帶來的欣賞與批評，正正代表電影點出了難題，接下來就要靠觀眾以自身經驗和實踐來回答。

接下來，文化研究學者駱頴佳則以運動創傷為題，認為以情感出發來呈現香港社運史，有助探索不同年代之間的異同。他認為把運動參與者視為情感主體，能避免一刀切判定好壞的簡化理解；面對不同年代立場迥異的抗爭者，我們既要理解他們的經歷亦可有相近之處，卻同時對他們之間的差異性保持敏感。

說到這兒，《憂鬱之島》除了因為對不同立場的運動參與者的並置呈現受到爭議，以重演為呈現的手法本身也是批評者的重點。然而這兩點其實正正是相通的：香港浸會大學人文及創作系副理教授謝曉虹點出，電影通過互換錯置歷史事件的實證者和拍攝片段的重演者，正正是要利用這些「不徹底的扮演」鬆動對身分的思考。

接下來，學者林易澄通過臺灣在一九四九年後的政治受難者，回望電影中對苦難的敘述。港臺兩地雖然歷史軌跡有極大差異，但是講述苦難之難，特別是被害者、加害者，以至書寫者的位置糾纏，卻有值得對照之處。

關於拍攝手法的爭議，特別是紀錄片的倫理問題，到底該如何書寫歷史才不至於「失真」，或對「失真」的討論本身就是捉錯用神，著名香港紀錄片導演潘達培提出深切的觀察。在他眼中，《憂鬱之島》對紀錄片的虛實問題不單只有直接的反省，更是以巧妙的手法帶着觀眾一起去反省。

來到本書的第二部分，為了讓讀者更理解《憂鬱之島》的緣起，我們邀請導演陳梓桓親自詳細剖釋創作電影期間的各種思考，包括電影創作源起、拍攝手法和理念、重演的難題與挑戰，以及製作期間香港大變對創作的影響。

梓桓補充了很多電影拍攝的背景，例如各位主角是如何找來的，他們又是在怎樣的狀態下答應參與拍攝。梓桓亦提到在二〇一九年的街頭抗爭期間，他自己也在拍攝的過程中曾被警察壓倒，如何以「記者」的身分被釋放，以及他對這個經歷的反省。到了作品完成，又要面對的審查準則不清，電影無法在香港公映，還有在海外上映後觀眾的討論和批評……這些「幕後故事」本身固然有趣，但我們更希望讀者看到的，是導演從一而終對思考的執著。這種無時無刻的認真，亦是重要的時代寫照。

高壓之下，香港社會彷似前無去路，很多人會覺得不如躺平好過，這絕對可以理解。媒體上能說話的人都那麼沒有水平，為何還要和他們較勁？「認真你就輸了」成為流行用語。但是我總懷疑，就是因為擁有話語權的人不認真，所以我們才要加倍地認真，讓有意義的公共討論得以延續。因此，《憂鬱之島》所帶來的一串討論，我們感到有必要接住，為的不只是電影本身，更來自我們對公共討論的執着。

在此，我要感謝《憂鬱之島》的製作團隊、支持這次出版計畫的各位作者，還有飛地書店和春山出版的同仝，讓這本書能得以完成。雖然二〇一九年的風風火火已是四年前的事，然而如何面對二〇一九年和之後的苦難，仍然持續是這一代香港人共同的功課。

從《憂鬱之島》開始的提問

從《憂鬱之島》探討香港人的身分認同

⊙羅永生（文化研究學者、嶺南大學文化研究系退休副教授）

《憂鬱之島》無疑是一部別出心裁的電影，它透過鏡頭的運用、畫面的處理、意象的經營、敘事的節奏等，活靈活現了近年因社會巨變所產生的鬱結情緒。「憂鬱」被廣泛地視為一種負面的情緒，「憂鬱症」的患者往往感受到空虛、無望、對正常活動失去興趣、不時焦慮或煩燥，因為他們無法從某種創傷中復原過來，無法接受所愛事物的逝去。但《憂鬱之島》並不沉緬於創痛，也不旨在撫慰療傷，反而與觀眾一道，穿越「憂鬱」背後的種種心結，憑藉回憶與重演，讓觀眾重新審視香港人從哪裡來。它也通過過去的一些關鍵事件和人物，深入思考一個關鍵的問題：究竟「香港人是什麼？」

香港電影探討香港人的身分問題，有著豐厚的傳統。事實上，自七〇年代以來，已有大量的香港電影以香港人身分問題作為題材。擁有廣大本地觀眾的港產電影，也起著反映甚或塑造香港人身分認同的作用。八〇年代中英談判開始，香港的政治前途自此備受關注，電影作為一種普及文化，承載了香港人對自身認同的思想與探索。這一批香港電影以不同角度，透過不同的類型和風格，觸及家園／歸屬、大陸／香港、懷舊／恐懼、全球／在地、中心／邊緣，以至記憶／失憶等的題材。

流風所及，香港電影和香港身分的關係，也成為電影研究、文化研究中的顯學。電影和文化研究學界援引和討論得最多的理論框架，來自周蕾（Rey Chow）和阿巴斯（Ackbar Abbas）——前者提出香港文化的夾縫性質（in-betweenness），指出香港文化的混雜多元、非此非彼，不能也不應簡單化約，納入諸「東西文化」或「民族主義」的大論述框框；後者以「消失的文化」（Culture of Disappearance）來理解香港這個不斷在高速「過渡」的城市空間，也解釋了為什麼只有在一九九七前後，追尋香港文化身分方蔚然成風，人人談論，皆因人們不知自身文化經歷之獨特與可貴，只會在瀕臨失去之時才懂得珍重。

這些電影和當其時盛行的文化評論，無疑都在嘗試描畫面對九七「大限」前後香港社會的「情緒結構」，側重於探索香港這城市的文化特色，以此來定義香港人的「文化身分」。但對於香港的「政治身分」問題，卻普遍缺乏歷史的縱深，亦無法反映「香港身分」問題所涉及的「政治」逼切感。

直至主權移交之後，第一任特首董建華拋出「西九文化區」計畫，激發「回歸」後第一次大型的民間動員，反對大白象工程。之後，香港又碰上「沙士（SARS）疫情」和「二十三條立法」，奠下二〇〇三年爆發「七一大遊行」的基礎，催生出「回歸」後新一波社會運動。電影《無間道》在二〇〇二年推出，把香港人身分問題的探討推上另一層次。它不再停留在討論香港人的文化身分是如何形成和消散，而是凸顯出我所指的「時間的暴力」，具體地說，就是點出「記憶如何構成身分」以及「身分的記憶正危在旦夕」的問題。這部電影擊中了回歸後社會情緒結構的核心，也令《無間道》成為當年表述複雜的香港「政治身分」

的最佳教材。[1]

《無間道》沒有討論「國民身分」或者「民族主義」、「本土主義」等政治問題，但卻以歷史寓言的方式，探討了人人在主權移交後，或遲或早都要面臨「重整自己的過去」，「選擇／發明新的身分」的抉擇——也就是所謂如何「重新做人」的問題。這問題的暴力性質在於：無論是自願或是被逼，每個人都要在「過去的我」和「現在／未來的我」之間選擇。兩者是繼承還是斷裂？面對轉變應該順應還是抵抗？這種身分問題當然不單是討論如何體驗時間的流逝，也非純粹旁觀地描述全球化所帶來的文化失落，而是要回答如何面對「朝代」轉變的新需求：如何改寫自己的過去？改寫自己的記憶？改換自己的身分？

從《亂世備忘》到《憂鬱之島》

在《無間道》推出之後二十年面世的《憂鬱之島》，可說是香港電影史上的另一個里程碑。它上承討論香港身分問題電影的傳統，下開電影形式上新穎的藝術手段。《憂鬱之島》的導演陳梓桓，屬於「八〇後」的新一代，「回歸」是他少年成長期的背景。他也在維園六四晚會、北上交流團、救助四川地震、北京奧運等等之上開始思索身分認同問題，同時也在二〇一四年及二〇一九年的大型社會運動中深受衝擊。他的上一部作品是記錄雨傘運動的《亂世備忘》，而《憂鬱之島》的構思，則源起自雨傘運動沉寂之後的抑壓氣氛，製作時間跨越二〇一九年的「反送中」運動。然而，《憂鬱之島》的重點不在重覆《亂世備忘》要為時代留下記憶的題旨，或（如阿巴斯所言的）「挽救即將消逝的當下時刻」，而是回過頭來向香港的歷史過去探問。

由《無間道》到《憂鬱之島》之間的這二十年，香港社會和民情有了翻天覆地的變化，社會運動一波接一波不在話下，對政治前景和政治身分的爭議也層出不窮。《憂鬱之島》突破了從前的「非政治」忌諱，把各種關於「國族身分」富爭論性的問題羅列。然而，影片並沒有因此而成為政治意識形態的宣傳片，為這些富爭議性的問題提供一個完整的或最後的答案，而是把這些問題置放到一場又一場處於「虛實之間」的歷史對話，讓觀眾進入更廣闊的香港歷史脈絡，深入反思香港人尋找自己身分認同的意義。

《憂鬱之島》的香港故事，並非按日曆上的確切時序（chronology）去做線性敘述，而是選取了數個香港歷史的重要片段接駁而成。影片開首所講的是大陸知青「大逃港」的浪潮，接上一九八九年香港人支援北京學生的民主運動，回頭又來看一九六七年由親中左派所發起的「六七暴動」。每個被選取的歷史片段，導演都找來一些年輕人，按一些當時歷史事件的真實參與者所提供的憶述，去「重演」這些人和事。這些年輕「演員」在「演出」前後接受導演訪談，並沒有隱去他們的真實身分和政治立場。影片使現在與過去的時空交會，造就持不同立場的香港人互相聆聽、理解，甚至對話的機會。

「重演」與「重演他者」

不過，作為一種紀錄片的拍攝手法，「重演」其實一點也不「新」，因為過去不少以事件「實錄」為標誌的紀錄片，包括新聞和歷史的紀錄片，其實都有「重演」的成分。但它們大都服膺於要「盡量近似真實」的教條，在「真實」不再能在目前「如實」呈現的情況下，試圖「以重演代替真實」。但《憂鬱之島》的導演並沒有緊跟這種比較傳統或老舊的紀錄片拍攝規範，而是採取了類似前衛舞臺劇作的原理，亦即布萊希特式（Brechtian）的「間離」手法（distanciation），使「重演」不再服務於「代替真實出場」，反而是處處提醒觀眾，一切歷史的敘事皆有「演出」的成分，亦即有被剪輯、烘托、誇大、造假、說謊、甚至欺騙的成分或可能，提醒觀眾不忘發揮獨立自主的批判力量。[2]

非線性敘事的紀錄片的目的，和非寫實主義的舞臺劇演出一樣，不流於宣稱「歷史就是如此」，而是坦露關於「過去」的敘事其實都是通過「回憶」、「隱喻」等的中介，很有可能是經過刪改、編輯、遮抹或斷章取義。於是，它選擇以更具反思與自我質疑的角度去處理「過去」和「當下」的關係。

例如，在第一場由游水阿伯陳克治參演的農村群眾大會，鏡頭內的導演喊停之後演員立即受訪，阿伯就直指剛才的演出與真實有別，當時群眾其實並沒有如此激昂。後來不少的段落，由曾經在二〇一九年「反修例運動」的參與者參與重演，鏡頭出現多次替這些「演員」剪髮化妝的場合，交代和提醒觀眾以下的內容都是經導演安排的「演出」，並非「真實本身」，而是經過過濾或提煉。除此之外，他們除了「演出」的角色，也另有真實的身分。電影大部分的戲劇張力，其實來自這些不同「角色」和「身分」的並置。觀眾亦透過這些並置，得以在不同時間，不同人物，人物的真實和虛構之間穿梭。

事實上，《憂鬱之島》有很多不同類型的「重演」，功能並不一樣。上述農村群眾大會的一場「重演」，既安排了戲中戲，也記錄了對戲中戲的評論。但之後，在「民運與六四」，以及「六七暴動」等片段，導演安排了近年運動的參與者參與「重演」，就更戲劇性地把「重演者」和「被重演者」之間的政治立場和主張，置放到一個全新的脈絡。我姑且稱這種新手法為「重演他者」：即「演員」參與演出與自己持不同甚至相反政治立場的他者。演員的真身往往在演出後被訪。他們坦白道出自己原來的立場，抒發參演過程中間或之後的思想和感受，也評論被演出的人和事。這種「重演」打破了既定的時序，可被視為新發生的「事件」，塑造出某種不虛不實的「對話空間」，讓不同歷史場景中的人探索「共情」或「移情」的可能性。紀錄片的功能，已不再是「如實呈現歷史真相」，而是把這些新發生的事件記錄下來，在觀眾中間激發反思和討論。[3]

「國民身分」vs「歸屬感」

「重演他者」創造處於虛實之間的對話空間，並不意味電影只是把歷史事件並置，等量齊觀，又或者只是讓每個人各說各話。相反的，我認為《憂鬱之島》其中一項成就，正是在互相衝突的政治意識形態夾縫當中，以及在文化身分和政治身分之外，示範一種探討香港人身分的論述取徑，而這種取徑可以提供更貼近香港當下真實境況的批判性角度，去思考香港人身分的問題。

電影第一場的戲中戲，是農村的一場批判／宣傳大會，參與這場「重演」的女演員本身有著新移民的樣貌，男女演員在演出後互相討論對香港的觀感，又被問及會否想過將來要離開香港，其中年輕女演員田小凝在鏡頭前被導演訪問，親自剖白自己的香港身分認同觀。[4]她說過去在大陸擁有國民身分，但只有在香港她才感受到什麼是歸屬感。田的答案展示了一種有趣的身分認同形構，把「國民身分」和「歸屬感」視為並不相等的兩件事，並且定調了電影往後繼續發展的各個場景，儼然都是對這個問題的回應／回答。為什麼會是這樣？如何會變成這樣？

由新移民去論述香港人認同的問題，呼應着《憂鬱之島》以「大逃港」作為香港故事的「緣起」，確認了香港從來都是一個主要由移居者組成的地方。但與今日已成陳腔的主流香港歷史論述不同的是，影片接著不是要訴說這些移居者如何在香港落地生根、建立繁榮的經濟功業，而是提到他朝離散的可能。顯見上一代人背離故土，失落家園的故事並沒有終結，反而是當下不少人的心情。

田小凝一邊說歸屬，一邊談離散，不單給予逃港知青冒死投入大海的視覺意像，以及貫串整部電影多次出現的泅海鏡頭，做了動人的注釋，也帶出一種「焦慮」的情緒，不知未來會否又要再次離開。這顯示出，要當一個香港人就如泅過隨時會把泳者吞沒的大海，冒險地逃離「雖有國民身分卻欠缺歸屬感」之地。可是，歸屬感之地也會隨時失去，彷彿失去故土，失去家園，失去朋友同伴，似是香港人的宿命。《憂鬱之島》承繼過去香港電影充滿著無根、飄泊的意識，但更形像化地展現那種猶如生死抉擇的焦慮。

事實上，除了憂鬱之外，貫串《憂慮之島》的另一種負面情緒就是焦慮。焦慮所愛事物的行將失去，不單只是土地、故園、愛人，也包括失去自己。這種焦慮的意識，早在導演的前作《亂世備忘》中已經出現。在那部記錄雨傘運動一班年輕人如何介入運動的紀錄片結尾之處，青年們難掩對運動失敗的沮喪之情，以半參與者的方式出現在片中的導演向青年提問：若干年之後，你們還會否是今天的樣子？青年沒有給予確切答案，反而向著導演說：「那你的工作就很重要，因為之後可以讓我們看看今天自己的模樣。」這個關於電影影像的「後設」問題，亦即電影能把「時間之流」截止所引起的問題，在《憂鬱之島》有更充分的開展。

「哈維爾的問題意識」

我認為，在陳梓桓所導演的這兩部作品，內含一種我稱之為「哈維爾的問題意識」。身為捷克政治異見者，亦為捷克知名劇作家的哈維爾（V. Havel），除了提出過「活得磊落真誠」（living in truth）、「後極權主義」（post-totalitarianism）等有啟發性的思想概念之外，也在他給妻子奧嘉的信表示，他的所有劇作都在思考一個 human identity 的問題。這裡我既不想把 identity 翻譯成「身分」（它類同於某人的客觀社會地位、位置、角色），也不譯成是「認同」（它更強調主觀面向，亦即在價值和感情上的投入、認許），是想凸顯哈維爾論及的 human identity 時，是沿着近代歐洲哲學所曾廣泛討論的人的「同一性」。[5]

哈維爾認為，現代科技文明，特別是當代出現的極權主義、後極權主義的危機，歸根結柢是 human identity 的危機，也就是人無法讓自己成為貫徹的，對自己以及他者負起倫理責任的自己。特別是在後極權主義下，人人為了與制度與體制力量合模，不惜以追附意識形態，代替獨立思考，以謊言掩飾真實／真理，最後不單是出賣他人，也出賣自己，使自己不能和自己保持完整如一（oneness）。因此，人只剩下在疏離、割裂、孤獨、和他人間隔起來的「異化了的自我」，這也正是「活在謊言中」（living in lies）的狀態。對哈維爾來說，失去了人的 identity，亦即失去了對人究竟是誰的完整解釋，讓人不再知道如何令自己與他人連繫起來。這種狀態亦即失去一切可以令人的存在有意義的秩序，失去信仰和信念。

社會運動是被壓迫者的反抗，而反抗的勇氣是建基於人再不能安於與他人、與世界疏離的生存狀態，近而受到他人追求正義的委身行為的感召，參與到共同反抗的行列，重新建立有意義的人際秩序。然而，這等要求活得更真實、更磊落真誠的衝動，需要接受時間的考驗。當政治情況逆轉，當運動遭逢挫折或失敗，曾經聚集的人群消散，同行人紛紛離隊，人就要重新面對疏離、孤獨，割裂和異化的生活就會重臨，肉體與精神都會感受到暴力的打擊。這些歷史和時間的力量，會大力把反抗者扭曲，挫敗人要與「真實的自己」（authentic self）——亦即充滿意義地生活的自己——保持「同一」的努力。它們不單會要求順應了「現實」的我去出賣和背叛他人，也要求這個我出賣和背叛自己——這也是一種「時間的暴力」。

兩種愛國．兩種憂鬱

回到電影，繼田小凝的香港歸屬感論述之後，是林耀強投入北京民運的階段。當年的示威者高唱中國國歌，這些鏡頭呈現了三十多年前，香港人衷心認同中國學生追求民主的抗爭運動，也展現了強烈的中國認同。但顯然，令林耀強的民主中國夢碎的，正是中國政權的作為，這種挫敗令他深陷失落和抑鬱的情緒。影片再接入學聯六十週年晚會的場景，除了比林更年輕的雨傘運動領袖，也有和林同一代到過北京支援學運的學聯人，以及好幾位於七〇年代叱咤一時，活躍於學聯的那些愛國主義國粹派。[6]林急於向青年學運一代，表達自己的歉疚，但他身為支聯會的創辦者，往往被本土派新一代視為「大中華膠」的一員。但那位曾經和他一同在北京呼喊民主自由的同學，倒是興致勃勃地談論在中國拓展賺錢機會。這位當年的同道人，與那些在更早時期左傾愛國，今日得以在中國政商界如魚得水的國粹派，好像已與林耀強活在不同的時空。[7]這場週年宴會見證了林耀強陷於一種被前輩和後輩雙重拋棄的孤獨。但他仍毋忘初心，以沉實的姿態、以法律專業知識在社區當法律顧問，服務市民。顯然，他的積極參與令香港這城市更有歸屬感，但他的「異見者愛國主義」實踐，也令他在急遽的歷史變遷面前顯得尷尬。不過，這些變幻仍不會使他選擇活在謊言之中。

緊隨着林耀強的是六七暴動中的反殖少年犯，也是今日富有的親中商人石中英（楊宇杰筆名）的一段。在他參與汶川地震等多組鏡頭中，他呈現了強烈的愛國主義和中國國民身分認同。與此同時，他也以資助電影、出版刊物等方式，公開宣傳當年「反英抗暴」的正當性，並不斷遊說中國當局，平反在文革結束後曾被判定為「受極左思潮錯誤影響」的「六七暴動」，重新肯定為反殖愛國的「反英抗暴」。他在所有公共場合的發言都非常「愛國」。不過，電影也記錄了他在不同的私下場合，表達與他公共發言並不相稱，甚至互相矛盾的說話，例如他對托派[8]「長毛」梁國雄的對談中回顧當年時，竟以「當年（我）仲係（還是）好鬼愛國」來自嘲。在他與重演他的青年譚鈞朗對話時，他說：「你愛國，國家先要愛你。如果國家唔（不）愛你，你愛什麼國家？」他又抱怨自己被國家和昔日戰友遺棄的孤獨，甚至以 the abandoned kid of the riot（暴動中的棄子）自況，以及對著這位持港獨立場的青年人說出「我地香港嘅（的）人，呢（這）一百五十年來有沒有主宰過自己的命運呢？」[9]

假面表演·真情如一

表演研究的一些歷史著作指出，中世紀歐洲人對表演有相當負面的評價，原因是當時的人認為，表演者要收藏自己的真實感情，卻以情緒去影響觀眾是不道德的。可是，當代不少表演理論和社會理論，都強調表演其實是無處不在，我們日常生活其實都是一連串每人按自己「社會角色」所指定的表演，沒有這些表演，社會就無法維繫。然而，這裡就帶出一個有趣的問題，就是當一切社會行為都可以看成是表演，那還有沒有必要區分哪些「是表演」（is performance），哪些「不是表演」（意謂只能被看成是表演，as performance）？又如果按「我就是我的表演的總和」，那還需不需要區別舞臺上和舞臺之外，還有沒有從舞臺退下的「真實的我」（authentic self）？

哈維爾的思想和上述表演理論的辯論可以交相參照。他堅持認為，意識形態不再需要人們真誠信奉，但它仍可以消滅人的獨立思考，因為只要人們習慣於事事以意識形態所訂下的語言虛應故事，扮演忠誠馴服，人就會逐漸失落自己的精神家園，甘當玩偶，以假面示人，欺人而又自欺。哈維爾的劇作中充滿著關於人沉迷於表演政治忠誠，導致與真我割裂，良知陷落的情節，也充滿人不能貫徹始終，也沒有勇氣去問自己究竟是誰的焦慮。

林耀強和石中英兩個都（或曾經）高舉「愛國」和「國家身分」，亦都曾充滿挫折和抑鬱，然而鏡頭底下所述說的林耀強故事，讓觀眾瞭解到，雖然他遭逢了時代的兩番巨變，卻仍然「如一」地秉持理想主義的初心。相對之下，石中英卻有多重面貌：一個不斷在公共場合落力地展現他「愛國」，另一個卻深藏着犬儒主義，嘲諷（自我與他人）對政治的熱情。他雖然沒有參與任何戲中的扮演遊戲（他與譚鈞朗在獄中的對話並非一場戲，而是實錄著兩人各自訴說自己「心底話」的「事件」），但他又什麼時候不是在表演？究竟哪個才是真實的石中英？答案是什麼似乎並不重要，重要的是影片至此，已充分回應了前面田小凝的觀察所引申的問題，為什麼強烈的國民身分並不是歸屬感何在的答案。

之後，影片再次出現陳老伯在維港泗水的鏡頭，這次更是漫天風雨，浪濤急湍。老伯以其纖瘦卻仍壯健的軀體展示他自逃港以來一直堅持，風雨不改地在香港海域暢泳的習慣，說明他追求自由的意志，始終如一，無懼被無情的大海吞噬。他那單薄而又頑強的身體，在銀幕成為一個難以磨滅的形象，象徵著脆弱但從不認命的香港人認同。這段在視覺上極其催淚的畫面，無言地否定了石中英剛才透過畫外音「判定」香港人從來無法主宰自己命運的宣告。

臨近片末，鍾耀華「重演」自己當日在法庭上為占中案辯護的陳詞，又好像是為整套電影作總結。他謂法庭今日要控告的……是所有對香港珍而重之的人。因此，法官要知道的並不是被告的「背景及參與運動的原由……我們得毀掉被條文、被權力、被體制所形塑的自己，我們要走進一個充滿未知、一個在歷史與當下糾纏不清……的世界……不論你是法官、律師、老師、牧師……在這些身分之前，我們首先是一個人……」鍾耀華在鏡頭面前「重演」自己在法庭上的陳詞，淚流滿面，直接獻出真情。陳詞的內容充滿了哈維爾以 humanity identity 優先於社會或國族身分認同的智慧，也提出了一個批判性的準則去看待香港當下最「貼身」的身分政治。[10]

堅持香港 identity 的重點不在於原來是什麼，擁有過什麼，失去了什麼，而在於此追求自由的勇氣能否夠秉持下去，在凶險多變的時代巨流面前，不致讓自我沒頂、消失，或者孜孜以求活在謊言世界而讓自我不斷扭曲、變形。只有這種堅持 human identity 的勇氣，才能成就「香港人」這獨特身分，才能讓香港成為一個雖然身分不由自主，卻是自由人的家園，讓香港人享有歸屬感的地方。

無名哀悼・他者面容

電影結尾是法庭要宣告裁決。但銀幕只見緩慢而又肅穆地展示上一個又一個因參與過二〇一九運動而被告的面孔，他們沉默，眼神堅定，沒有特別的表情或動作。銀幕上的文字沒有交代他們的姓名，只注上含糊的職業分類和被控罪名。「無名」的處理既把這些運動參與者還原為平凡的香港人，但這組影像也令人聯想起戰爭或災難紀念碑上那些犧牲了的無名英雄，觀眾猶如在參加一場「哀悼」的儀式，通過這沉默的致敬，接受與他們的離別與分隔，接受這些美麗的容貌將會隨歲月流逝而消磨的現實。如果我們依從經典的佛洛依德精神分析，憂鬱是一種未能完成哀悼的不健康狀態，而只有透過移情作用，完成哀悼，憂鬱者才會確認和真正接受失去了所愛對象的現實，回復心理健康。《憂鬱之島》以一種類近哀悼的情懷作結，是否有助於觀眾從過去的創傷釋懷，重新上路？

可是，仔細審察之下我們也會意覺，這些無名人物只是凝望着鏡頭，那些其實並非硬照（平面照），意謂他們仍然是一個又一個的生命。他們雖然沒有動作，但目光底下是充滿人性的面孔。這些面孔都在注視着鏡頭（即銀幕面前）的觀眾。觀眾是被這些「無名」人物的目光盯緊，像邀請「我們」聆聽「他們」無聲的訴說。這內涵豐富的畫面，令我聯想到的不是佛洛依德，而是哈維爾十分喜愛的法國哲學家列維納斯（Emmanuel Levinas）。[11]列維納斯認為人的最關鍵要素是人在面對他者的面孔時，感到背負上無限責任。而只有在這面對面的遭遇當中，我們的主體性才得以奠基。簡單來說，他認為所謂「自我」首先是一個「倫理自我」（ethical self），是對他者有無限責任的自我。但這種責任感並非來自道德守則的推論，而是人與人透過面對面相遇所看見的面容。而哈維爾認為只有與這種人之為人的人性本源相認，人才能與自我同一，這才是 human identity 的真義所在。有趣的是，《憂鬱之島》這套不遵守旁觀主義教條的紀錄片，反能營造這種逼近「面對面」的果效。

《憂鬱之島》是關於「香港人是誰？」這問題的思考和感受摘錄。片尾眾社會運動受刑人留下的面孔是如斯地脆弱，容易受傷、損毀，但正因如此，當這些面孔透過鏡頭和銀幕讓我們看見、記著，就如列維納斯所說，就讓我們心感無限責任，繼續秉持不懈爭取自由的倫理自我，編寫香港人究竟是誰的歷史新篇章。

跋

近代文化理論對於憂鬱的文化及政治意義相當關注，一方面有人沿用佛洛依德的經典觀點，視憂鬱為一種病態。但亦有不少人認為憂鬱作為一種情感狀態，不但是非常普遍而且也具有正面的潛能。亦有論者認為，憂鬱甚至可以被理解為一種主體形式。例如茱蒂絲．巴特勒（Judith Butler）就認為憂鬱不是一種未能完成的哀悼，倒是一種拒絕忘記的姿態，反而是把失落內化的一種發揮主體性的方式。憂鬱的主體蘊含一種不馴服，例如安蒂岡妮（Antigone）拒絕父親禁葬其兄的禁葬令，違反王之法，所以憂鬱狀態具備一種革命的潛能。不過，亦有擔心憂鬱狀態有轉化成行使暴力的惡劣傾向。例如，齊澤克（Slavoj Žižek）就認為當代原教旨主義、民粹主義者往往有一種病態的憂鬱，老是耽溺於一種懷舊情緒，把過去浪漫化為失落了的黃金歲月。這種病態化的憂鬱可以導致一種虛無主義，因為它內含著一種自我憎恨。有不少論者認為這是一種「後殖民」狀態的常見現象。那些原教旨主義者，努力以失落的黃金歲月作為他們建造未來烏托邦的藍本，把現在都化約成過去，又把過去都化約成現在。這是一種典型的挪用歷史為工具的做法，目的不外都是籌備「偉大的民族復興」。

《憂鬱之島》把握著憂鬱香港的情緒結構，然而並沒有把「過去」和「現在」互相化約，而是警覺地在「過去」與「現在」之間保持張力，拒絕以神話學的方式去敘述過去。相反，它以不連貫的敘事方式，以新移民的角度，以離散的角度，以關懷當下困惑的角度去刻劃交錯的時空與梳理糾結的歷史經驗，為的不是完成一個自傷自憐的歷史訴說，而是打開思考與感受的空間，讓香港人身分問題的探討更有感性和智性的深度。[12]

1 Law, W.S. 2006. “The violence of time and memory undercover: Hong Kong’s Infernal Affairs” *Inter-Asia Cultural Studies*, 7(3), 383-402.

2 Nichols, B. 2008. “Documentary Reenactment and the Fantasmatic Subject” *Critical Inquiry*, 35, 72-89.

3 Jason, S. 2011. “Reenactment as Event in Contemporary Cinema”, unpublished PhD thesis, Ottawa: Carleton University.

4 女生田小凝是小學移居來港，是新移民，而男生 Anson 的父親於一九七八年來香港，是上一代的新移民，而他本人則是香港土生土長。

5 Havel, V. 1988. *Letters to Olga*, London: Faber & Faber, 144-148.

6 指六、七〇年代香港大專學界中緊緊追隨毛澤東及其文革路線的親中分子。

7 七〇年代初香港大專學生運動由國粹派主導，把學運目標定為「認祖關社」，重心是向同學宣傳中共的成就，社會主義的偉大，文革的正確，及組織「回國」觀光，把投身香港社會改革列為次要。今日不少這些國粹派領袖藉多年和中共的密切關係，成為顯赫的政商人物，卻極少仍實踐當日信奉的左傾政治。學聯五十週年宴會的片段中，只有一頭白髮的楊寶熙是例外。她當年脫離了國粹派後，經歷了沉痛的反思與掙扎，今日仍然積極參與進步的社會運動。

8 托派是當年石中英替愛國報章《新晚報》作文化打手所狠批的對象。見安徒，〈「批托」炮手石中英〉，《香港01》，二〇一八年五月十九日。

9 石中英的片段充滿令人費解的說話，要非他自相矛盾，就是對自我與世界充滿犬儒態度。例如，他早年就投身政治，今天還為當日的事奔走，但又抱怨自己過早地「玩政治」導致坐牢，今天要宣告遠離政治。不過，片中最有趣但同時亦尖銳地點出石中英未能貫徹地維持一個終結如．的身分的地方，是當「長毛」向餐廳侍應說，「不要給他酒，因為他喝酒之後會講真話」那裡。

10 鍾耀華，〈歷史退潮時的燃燈者：在香港重讀哈維爾〉，《時間也許從不站在我們這邊》（臺北：春山出版，二〇二二）。

11 哈維爾在他獄中致其愛妻奧嘉的通信中，多番寫到獄中讀到李維納斯文章的感想。

12 Frosh, S. 2013. "Melancholic Subjectivity" in Tafarodi, R.W. eds. *Subjectivity in the Twentieth Century. Psychological, Sociological and Political Perspectives*. Cambridge: Cambridge University Press, Ch.4, 87-110.

社會運動留下了什麼
——一個參與過一九八九年北京天安門學運的香港人的觀點

⊙林耀強（律師、一九八九年學聯代表會主席、一九八九年北京天安門學生運動參與者）

第一次看到這個題目時，[1]我跟主持人講，你可能會失望，因為我不善於從比較宏觀的角度去談社會運動這種大題目，我能分享的，只不過是我曾作為一個年輕人投入社會運動，然後經過失敗，被鎮壓，然後走過這幾十年到中年的一些經歷、想法跟總結。我相信我們走過相同的路，也一定會在某些地方，你會發現我們有所不同。

我覺得《憂鬱之島》特別的地方就是，它很開放地讓我們看見，其實很多人在社會運動後，有很多不同的選擇，特別是對於最年輕的那一批人，他們怎麼去選他們往後的路，或社會運動給他們留下什麼，這在整個電影裡面是很開放的命題。

我一九八六年進大學。當時我投入學生運動，並不是經過很理性地對社會的分析，得到結論然後去參與，反而是源於我對周邊世界非常單純的情感，那種情感就是我在電影裡講的，我到今天還是這樣想：我覺得我們的世界應該好一點，或說不該像現在這樣。當天晚上，我在分享這段話時，是學聯六十週年晚宴，席間有很多不同年代的同學。有些加入了梁振英的政府，有些在八九年以後回大陸做生意，也做了政協，都是很不同的選擇。我覺得儘管我們走上不同的路，但我們年輕時有個相同之處，就是上面講的，我們相信，世界應該好一點，不應該這樣。

二〇一八年學聯六十週年聚會，正值雨傘運動過後那幾年，對於這個運動，我講多一點點，其實它的訴求是非常合理的，我中學時就已經聽中國領導人說，香港要有民主是理所當然的，等《基本法》頒布以後，就會按程序慢慢達成民主。然後，我從中學生變到中年人，而且在二〇〇七年時已經談到，不如二〇一二年我們開始雙普選吧，結果又沒有，然後就延後到二〇一七年。然後到二〇一四年的時候，就出來一個白皮書，[2]說我們給你們的民主就是這樣了，所謂的民主選舉被設置了很多的關卡，引來整個社會非常大的不滿和憤怒。

雨傘運動中，中學生、大學生、普通民眾都來參與，而且是跨世代的，它的訴求非常明確，就是對於中共政權違背一個對香港人承諾了幾十年的承諾所表達的憤怒，但最終這個運動沒有達成任何實質的結果。雖然沒有像一九年（那樣）被暴力鎮壓，但整個社會在那幾年，是非常壓抑、沮喪、失落、無助，而當時在我面前的所有同學，其實都是積極參與過這個運動的人。裡面可能有一些人，他在那幾年選擇放棄或否定自己曾做過或相信過的信念；有一些可能變得很犬儒；也有一些可能繼續參與這個運動；也有一些不願離開，但是非常迷惘。我想分享的是，我經歷過一九八九年的運動，恰恰就是那種非常強的創傷，非常痛苦的過程，就是信念破滅。對於從來沒有投入過一個運動的人，你很難理解什麼叫信念破滅。比方說我是一九八六年進大學的，當時不是很多人進大學，我念的也是非常好的學科，但因為剛才我說的那個信念，然後我就——包括可能沒有上學、沒有回家、沒有拍拖什麼的，我就是投入這個運動，但最後我發現一九八九年這麼大、這麼壯闊、牽動這麼多人的運動，不單沒有成功，而且被鎮壓，世界變得更封閉、更差。

那時候我不想起床，我不知道怎麼面對這個世界，我記得我很痛苦地走過那幾年。這麼多年後，我想我當時可能真的是有抑鬱症，所以我聽到很多年輕人在二〇一九年以後，他們不一定能夠總結出一些經驗，我非常能理解，因為那個是一段非常難走過的路。當時我跟同學講的就是，感到非常痛苦、難受或失落、迷惘是正常的，除非你從來沒有愛過你剛才講的那個信念，沒有愛過這個地方。

用一個很生活化的例子去講，其實很像戀愛，如果你從來沒有戀愛過，你不會因為失戀而痛苦。我那幾年好像行屍走肉一樣，離開了學聯以後，我再也沒有回去過。我投入商業世界，一天工作十五、六個小時，我用我參與學生運動的那種熱情跟投入，大概百分之幾十吧，我在商業世界裡很成功，賺到很多錢。然後有一天，我問自己，以前我相信的那些價值信念還重不重要？當時我想，那些還是我相信的價值，還是我相信的信念，我這輩子是很難放下的。然後我一九九三年再去學法律，然後就當了律師。往後的日子裡，我主要是做一些勞工權益的官司。二〇一四年我到警察局幫同學時，見過很慘烈的情況。我不是在警察局，就是在醫院見到他們。我其實是很不容易才走到現在，不過，我還是覺得我幸運，雖然有很長時間非常痛苦，但我最終還是走過去，在現在的崗位上找到位置，銜接以前相信的價值跟信念。

講到運動之後，我想分享的第一點是，其實我們有很多不同的可能性。我的選擇比較簡單，我知道雖然我在當時不能改變世界，但我選擇了不被世界改變。另一個方向我想談的，不僅僅是我自己的經歷。八九後，我每年都去維多利亞公園參與六四的集會。我記得大概天安門事件過了十年左右吧，就是一九九九年、二〇〇〇年左右，那時參與六四集會的人愈來愈少，根據支聯會的說法，大概有十五萬人，而且坐在我旁邊的，當時都是一些中年人，像現在的我一樣的叔叔、伯伯。但到了二〇一幾年，大概天安門事件二十幾年後吧，我看見身旁有很多年輕人，像 Alex（周永康）、Lester（岑敖暉）那種年紀，我想他們八九年時一定還沒出生，但當時很多很多年輕人在維園出現，而且他們後來變成了社會運動、學生運動非常中堅的分子。後來有機會跟他們聊，才知道他們小時候都有看過我關於八九年的一些經歷的分享。這裡我多說一點，就是從八九年以後，雖然有段時間非常迷惘，但我從來沒有停止分享我在八九民運的經歷。就算是只有十幾個人的研討會，我都一定去。我的想法很簡單，你可以有不同的意見、想法，但事實不能扭曲，所以我長時間都在做這樣的分享。我想說的並不是他們因為我的分享，所以參與這個集會，而恰恰是有很多像我一樣的人，他們不停地把他們相信的信念、價值在他們的崗位傳下去，所以到了二〇一幾年，當然這個可以再分析是什麼原因，就多了很多年輕人。

對於社會運動，我從來都搞不清楚到底要累積到什麼時候，改變才會出現。但作為個人，我覺得可以做的就是累積力量，把我們相信的信念傳遞出去。而且我們見到的社會運動很多都是失敗的，成功畢竟是少數，所以在運動失敗或運動過後，怎麼自處，那才是更重要的命題。

我想說一部我在讀書時看的電影：《悲情城市》，有一幕我每次看都很被觸動，第一次看時，我是哭出來的。就是林文清把他的同伴寫的布條拿去他家時，那個布條寫著：「你們要尊嚴的活　父親無罪」。現在的我們不需要做到這麼大的犧牲，但在片中，到最危險的時候，那位父親還是沒有輕易改變自己，在強大的國家機器下，他沒有選擇改變自己。另外他告訴兒女還有家人，要有尊嚴地活下去。我相信在未來香港的政治環境，我們不會像以前一樣自由，公民社會會非常難走，更不用談社會運動。不過我們把力量累積下來，把相信的價值信念傳承下去，這是非常重要的。

有人問我，要怎麼面對香港的年輕一代人視我所相信的理念是陳舊過時的？如果我在一九八九年追求的那個好的社會，跟現在大家所希望的好的社會不一樣的話呢？我覺得這有兩個層次，首先就是我們都覺得世界應該好一點這個信念的層次，在這點上我是能包容比較多的人，就是抗爭者其實是希望改造世界的，所以有些人覺得反英抗暴的楊宇杰不應該出現在《憂鬱之島》裡，對此我不同意，我認為他當時就是很有勇氣去挑戰港英政府的。我是一九六八年出生，那時的港英政府就是非常腐敗，你說七〇年代的港英政府很開放，這完全是天馬行空。對於六七年反英抗暴的抗爭者，我是有一定的敬意的。

下個問題就是如果我們都希望繼續相信世界應該變得更好，那到底應該是怎麼樣的世界？是像年輕人講的「香港獨立、唯一出路」，還是怎麼樣呢？我覺得這個可以談。但如果年輕人連追求一個理想的社會的信念都放下了，那我只能講，我感到無奈，但理解，也明白在社會運動的過程會有這樣的情況。

至於社會運動會不會讓熱血的年輕人過度犧牲？我覺得這非常明顯，因為我剛才講過，所謂信念，其實是我們投入，這並不是打嘴炮也不是裝出來的，是真正有付出與犧牲，才叫信念。英文叫 commitment，我們 commit 進那件事情。二〇一四年的運動參與者，很多是第一次參與社會運動，你可以把它比喻成為初戀。所有初戀的人都希望有結果，都投入最大的熱情，如果那個結果有缺陷的話，一定會留下很大的創傷或失落。如果不停地面對這種失敗的話，你不會太有勇氣再去投入。不過，你仍是會看見身邊有些人，經過十年、二十年，他對愛情還是有很大的期盼、投入，儘管他們可能都曾受傷、曾失敗。這些人是讓我們非常感動的。

反修例運動後大批參與社會運動、民主運動的人被捕，讓我印象很深的是，現在香港因為民主運動坐牢的，都是那些爭取民主幾十年的人，他們仍然站在最前線。他們本來可以過安穩充裕的生活，對他們來說，那些幸福垂手可得。就好像當年北京的學生一樣，他們本來都是天之驕子，但最後他們選擇了比自己作為個體更重要的價值，這些為了信念而付出的人一直打動著我，也是讓我走過那一段艱辛的路的支持。

有同樣走過一九八九的人問我，我如何面對曾一起走過、但已經改變理念的曾經的同行者？我的回答是：我仍然會跟他們一起喝酒、見面。我是常常見他們的，當中有跟我當年一起去北京支援的同學，也有到內地做生意的，更有一些是加入梁振英政府。我身邊其實有很多不同類別的人，二〇一九年時很多人不喜歡警察，但我其實有不少當警察的朋友。在我自己的家裡，自從我爸爸走了以後，六個人有三個是深藍的，有三個是深黃的。我們在家裡很少看電視的，因為一看可能就會吵架，而他們是我的親人，還有很多我的好朋友。我明白有一些人會覺得無法跟意見不同的人同桌吃飯。而我覺得人是非常立體的，他們都是我的家人，我深愛的人，我是不同意他們的，但我理解他們有不同的想法，就這麼簡單。

運動失敗後要怎麼走下去，宏觀的部分我留給學者來回答，微觀的部分我剛才講了，其實就兩件很簡單的事：我不被世界改變，另外就是累積力量。關於這個我想補充多一點點。你看看六四的歷史，如果不是香港，其實不一定能像過去三十年，那麼強烈地被人記得。在這方面香港確實做了很多事，你看一九五九年時西藏的鎮壓，現在還有人談嗎？其實內地是有能力去把事情壓下去的。我想講的就是每個個體其實都有事情可以做，這些事情你不要小看它，你看看六四民運在這三十年，有多少人知道，這就是我一開始講的信念，我們的努力可以讓世界不同。

至於在各自的崗位努力，有沒有可能迎來一些變化，比如說相互理解或共識？我們如何讓這樣的理解多多發生？我是覺得，關於這種 reflective（反身的）討論的要求很高，機制的門檻也比較高，不過我認為是必須的。原因很簡單，就是運動來到時，我們根本就沒有時間討論，而且每次運動來到時，都發現我們沒有把上一次運動的總結得出來。起碼八九年時，我是這樣經歷，二〇一九年時我看見的也是這樣，二〇一四年也是，中間很多關於運動該怎麼走的分析很少，所以我絕對同意這個部分非常重要，而且等到運動來臨時，不管需要多少人去投入，或有多少人願意繼續那個信念，但如果關於理論也好，關於整個運動的方向，沒有討論的話，其實很容易也會有相同的結局。

1 本文由作者於二〇二三年四月「從《憂鬱之島》開始的提問——香港的歷史、運動、身分與如何記錄」的講座發言整理、改寫而成。

2 指中國國務院於二〇一四年六月發布的《「一國兩制」在香港特別行政區的實踐》。

從六七衝突爭議、群眾運動到轉型正義所引申的反芻詰問

——為何反抗？如何理解不同的群眾運動？怎樣的香港值得香港人上下而求索？

⊙周永康（香港專上學生聯會前祕書長、加州大學柏克萊分校地理系博士生）

對於欣賞《憂鬱之島》的觀眾而言，此作品之所以魅力四射，在於《憂鬱之島》不斷嘗試提出「為了什麼」的真摯追問：為何要逃離中共治下的文化大革命？為何要在一九六七年提出「反英抗暴的抗爭」？為何要悼念一九八九年的天安門運動受難者？為何二〇一九年的香港人要反抗引渡條例和中共管治？陳克治（陳伯）、林耀強、楊宇杰及一眾二〇一九年政治運動的參與者，因何緣由在政

治漩渦中東奔西走，他們究竟是「為了什麼」？又是為了什麼樣的香港而奮鬥？在影片開端，《憂鬱之島》便將「香港，對你來講是什麼」此一命題，作為回答「為了什麼」的延伸答案。每人心目中都有一個想像的香港，值得上下而求索。而透過不同政治行動者的生命實踐、演繹與回應，大體可以見到各自定義的「自由」、「平等」、「自主」、「自治」、「身分政治」等核心課題不斷貫穿眾參與者的心路歷程，視重塑「香港」為體驗生命價值或爭奪實踐這些政治價值的征途。對於導演陳梓桓開出的問題，《憂鬱之島》中近九十分鐘的聲畫剪接，如同一種開放文本，攪動觀眾內心，繼而讓觀者解讀思索此命題。但是，影片中夾雜「六七暴動／騷亂」少年犯楊宇杰的論述，讓不少影評人或親歷「六七暴動／騷亂」的觀者大為反感，質疑影片背後是否在暗渡陳倉，嘗試混淆視聽，從而顛倒大眾對一九六七年政治爭鬥的判斷。從各種角度來看，將「六七暴動／騷亂」與一九八九年的北京天安門民主運動、二〇一四年香港雨傘運動或二〇一九年香港的反送中運動並置，對批評者而言是不恰當的安排，藝術不可扭曲歷史，論者云。

《憂鬱之島》的爭議所在：六七暴動／騷亂還是反英抗暴？

香港資深傳媒人程翔就曾撰文，認為《憂鬱之島》將幾場被觀眾視為性質截然不同的群眾運動並置，又不引領觀眾做清晰的政治判斷，批判地比較各個政治運動參與者的動機與因由，在「重置」（restaging）中邀請演員重演某些歷史畫面，似乎有意或無意地模糊幾場政治運動的不同性質。[1] 而楊宇杰作為前六七少年犯、當今親中商人，近年屢屢支持平反六七暴動的的知識生產論述和文化創作，帶有極強的政治目的，為中共政權背書說項，與爭取脫離中共暴政的示威者不可同日而語。批評者認為，如此並置數場性質不同的群眾運動，又不披露六七暴動背後的中共弄權、無辜者被殺害和土製炸彈策略，削弱了《憂鬱之島》嘗試為觀眾開拓的獨立思考空間。或許，《憂鬱之島》確實可以採取更多不同的方法去介紹楊宇杰的爭議背景，或削減其出鏡比例、訪問其他六七事件的涉事者，或更大篇幅地借用香港民主派立法會議員梁國雄（長毛）對楊宇杰的曲筆或直筆批評，呈現六七暴動／騷亂參與者的初心或紀念昔日運動的意義並進行對比，讓觀影者見到《憂鬱之島》有鮮明地導正楊宇杰的蠱惑觀點。勿論《憂鬱之島》可以如何製作這些部分，「六七暴動／騷亂」的相關爭論實帶出了理解「抗爭為何」在香港社會存在分歧的不爭事實，包括身處不同政治光譜的參與者，對於過往的歷史敘述、政治經驗、群眾運動、政權性質與抗爭目標，存在見解、感受和方向上的分歧。期待一種敘述能呈現兼容並蓄、寬待過去又公允平等的，其實並不容易。

政治鬥爭中是否存在灰色地帶？

更何況，在二〇二〇年《港區國安法》生效之下，香港政治運動遭受政權鎮壓的當下時空，任何影像作品甚至政治論述嘗試回顧過去卻未帶清晰的政治立場或充分闡述自身敘述背後的的價值判斷、政治意圖，都容易惹來觀者不同的投射解讀，質疑創作者機心何在，是否心繫民主。《憂鬱之島》自不例外，有關作品觸及敏感的政治課題、六七爭議、未解的政治創傷和謎團（若存在），在政權與反抗者博弈之際橫空出世，必然有其未臻圓滿的地方，甚或觸動政治地雷。假若我們不採誅心論視《憂鬱之島》為迷蠱人間之作，而是將導演的剪輯視為提出真誠叩問的嘗試，或許我們能在知悉楊宇杰之所以會引起爭議的同時，重新審視香港政治運動、群眾運動、社會運動的曲折離奇甚至自相矛盾之處。

任何社會抗爭都脫離不了地緣政治的角力、內部的權力爭鬥、身分認同和社群感召各據一方的觀點感受，以及抗爭場域的策略倫理辯論。群眾運動的內涵、情感號召和對理想社會的追尋，都縱橫交錯地構成了陳克治、林耀強、楊宇杰以及八九年天安門民主運動、二〇一四年雨傘運動和二〇一九年反送中運動參與者的情感反應、判斷視角和政治立場，亦主宰參與者在運動中的感受和獻身程度，對他們的身心影響深遠，持續至今。《憂鬱之島》所呈現的灰色地帶，在被批判的同時，卻也拓展出讓人思考「為何人之所以為人」、「如何在香港為人」、「從何處學習做人」的空間，重新審視人身的主觀意識和經驗，到底如何為環境主宰，又如何反過來主宰自己的命途和群體的政治路徑。

一場群眾運動，百種解讀方法

相比一九八九年、二〇一四年和二〇一九年的政治運動，「六七暴動／騷亂」是對《憂鬱之島》的核心群眾群（支持中、港民主運動的觀眾）的考驗。正如程翔和其他親歷一九六、七〇年代中共統戰機器洗禮的人，不少人都對《憂鬱之島》處置「六七暴動／騷亂」的手法意見分歧。「六七事件」如何定調，是「暴動」、「騷亂」、「反英抗暴」或「事件」，本身就在於評論者對於有關事態的不同解讀和價值判斷。到底「六七暴動」是工人運動、大陸文化大革命的延伸、香港左派分子擅自起舞的政變，抑或中共高層有意為之的策略？「六七抗爭」是反殖民反專制的民族解放運動，還是學界或被殖民者會引用的「解殖運動」(decolonial movement)？不同的演繹感受，和其後三場被民主派支持者廣義定義為「民主運動」的社會運動自有其可比和不可比之處。我有一位支持香港及中國民主運動的朋友，自認為屬於「黃」營，[2]但因為其家人曾參與並支持「六七抗爭」，使其不盡認同「六七事件」只是單純的暴動或騷亂。假若不同的觀者有其不同的政治理解，則我們也可以理解群眾運動或社會運動作為改變社會秩序及價值的媒介，本身便有其盲點和局限。

社會運動可以是一種載體、方法及策略去營造社會壓力和共識，推動社群內部或社會權力關係的改變，從而去重塑社會共識、資源分配、法律規條甚或政治制度和政治聯盟的構成。「六七事件」中的群眾運動著眼於衝擊港英政權，以勞工條件及勞資糾紛作為出發點，同時燃點藥引，燒起香港境內的「反英抗暴」的民族燃料，並引入大陸文革的意識形態鬥爭，暗藏對於「如何管治社會？這是誰的社會？誰來管治？」之政治挑釁。一九八九年的民主運動、二〇一四年的雨傘運動、二〇一九年的反送中運動，都未脫離此一問題意識。當中的差異在於，誰是壓迫者：港英（及其黨羽）、中共（及其黨羽）、大陸資本、英國資本抑或本地財團資本？誰是被壓迫者：被殖民者、中國人、香港人、少數民族、被剝奪政治權利者還是社會主義／資本主義市場經濟政策的輸家還是邊緣人士？不同的生活經驗、身分認同及政治立場，決定一場群眾運動之中，參與者站在何方，擁有什麼樣的情感體驗，又如何進行善惡之辨。

《憂鬱之島》中群眾運動所身處的歷史時空

香港不同的群眾運動，對於每個牽扯參與者感受的課題和元素未必都有明確的判斷；群眾運動甚至會混合不同的意識形態、政治期盼、社會理想和血腥的權力爭鬥計算。《憂鬱之島》被批評，正在於其觸及了這些並未完全在政治爭鬥和辯論上結案的歷史事件，卻未對不同政治陣營的參與者採取過度苛刻的批評，於是被視作縱容謊言，容許歪論傳播。假若《憂鬱之島》的劇情剪接單單只呈現對中共左派成員的同情，卻未充分拆解他們與批評者為何會有南轅北轍的政治論點，則可以被視作為政權背書，散播軟性毒藥。但這是否上綱至誅心論，則視乎觀者在判斷電影剪接之餘，會否認同不同角色在政治漩渦中的角力觀點，乃是置身在更廣闊的地緣政治脈絡、經濟策略辯論、身分認同抗爭及運動爭略的倫理爭議之中。這些背後的課題，都需要群眾運動的參與者重新檢視爭議的廣闊脈絡、政治價值和社會意義，從而滋養群眾運動的內在動能、韌性和政治反省，從中療癒社群創傷、跨過政治挫折，繼而重新製定政治策略，再邁步往前。

到底歷經不同社會事件的政治菁英和普羅大眾，能否在一個政體當中求同存異，尋求共存卻不至互相仇視、報復和恐懼彼此？從十九世紀中業開始，大型的政治變動，都為政治菁英和普羅大眾帶來不一樣的體會、反省、政治資本甚或社會創傷，例如晚清王朝崩潰、歐英在亞非大陸的殖民、中華民國政權在大陸建國失敗、二次世界大戰、國共交戰、共產政權的激進社會經濟改造和暴力政治統治、香港受英國殖民地統治、中美由冷戰敵人轉變成制衡蘇聯的戰略盟友、中華人民共和國取代中華民國成為聯合國安理會常設委員、香港被剔出聯合國殖民地名單，已經構成了戰後至七〇年代初香港社會大眾對於歐美政權、中共政權、中華民國政權的基本研判、愛惡和比較。六七暴動只是眾多社會變遷的其中一個切入點，去理解當時不同政治勢力的籌謀、博弈和權力爭鬥。

這些二戰前後的外在變遷，都在塑造大眾的感受，同時群眾的情感反應亦不斷影響各個派系勢力的政治盤算。地緣政治變遷和香港社會的內部張力在不同層面交疊相連：八〇年代中英談判、大陸改革開放、八九年天安門屠城、冷戰落幕、經濟全球化政策加速，既左右中國的經濟發展策略，亦影響香港如何促使中國融入美國領導的全球經濟系統之中；中國與西方社會重新建立緊密的經濟外交關係，亦造就中國政府在美國九一一事件後採納「反恐論述」去邊緣化維吾爾族群的反抗，消解圖博族群的中間路線，同時透過大陸的龐大經濟規模削弱香港的政治自主能力和脅逼臺灣放棄主權獨立的訴求，接受兩岸進行國族政權合併。個體和群體在不同的政治變遷中受到傷害、獲得利益、取得自滿，從而來解答、強化或背棄早年的立場，與後來受不同社會經驗洗禮的世代交鋒、融匯、別離，所有人既在民主運動的框架中，亦在「一國兩制」的想像中，或「反殖運動」、「反殖本運動」、「反極權運動」或「愛國運動」的框架之內，去理解、內化、接受或排斥有別自己的政治倡儀或政治情感。

「反殖運動」是否能擺脫民族主義的盲點和國族統治的暴力？「反資本運動」能否從國家暴力、集權、將他人貼標籤為反動分子的意識形態中逃脫？「反極權運動」又能否抵禦受壓迫民族情緒的盲動、民族衝突及資本市場經濟的壓榨，不讓資本暴力壓縮中產和低下階層的生存空間，並提防和保守陣營的結盟，踐踏了小眾或族裔弱勢族群？「獨立民族運動」、「自決運動」或「愛國運動」除了是一種一體兩面的政治運動，去衝擊或維護執政政權外，是否同時立基於能保障每一個人的民主想像、自治精神和避免反過來成為壓迫異議族群的政治聯盟？人的自由、尊嚴、感受、政治創傷和各種基本人權，是否能獲公允、平等而充分的對待和照料，不致粉身碎骨？各種政治考量、對公義的追求、對原則的執著，如何能恰當地量度不同政治運動參與者的「義」與「不義」之處？「義」與「不義」的辨別，又立足於什麼政治原則和社會想像之中，特別是對政敵、敵對陣營或壓迫者的原則判定、制度理解及政治處理方針？

這些不斷變化的地緣政治、經濟制度、社會思潮，在在開出一個在地空間，形塑香港如此一個受周邊政治激流和思潮影響的地域疆土，每個參與者的日常政治感受，以及驅動「民主運動」的核心動力，促使社會運動參與者採取不同的策略及回應，去影響、推進和營造群眾運動的運行軌跡、核心精神、對話空間，勾勒不同政治運動的動態。假若《憂鬱之島》開展出一些連結不同社群時代的思考意義，無疑是從「為了什麼」的提問，引導大家去重新思索為何在不同的時代背景，群眾運動雖然都以自身體驗和實踐回答此提問，但內裡承載的未解論爭和政治角力卻如此不同。

如是之故，「香港，對你來講是什麼」，雖然受訪者都是以群眾運動為載體進行鬥爭或改變，但觀眾亦不得不考量身處不同社會位置的行動者，其提問、思考和實踐政治理想的法則是如何被不同認知框架、社會張力及更廣闊的地緣衝突塑造，進而重思怎樣的政治機制、經濟制度、社會文化方能調和這一波波的內部衝突，讓不同的參與者皆能實踐其想要的公義，還其政治公道，同時理清每件事情的來龍去脈，從中為政權與個體的邊界劃下清晰的界線，讓社會能真正調解紛爭、保障個體及群體的社會機制，體現參與者所期盼的政治夢想，共同定義「民主」、「平等」、「自由」、「自治」、「身分認同」的內涵。

「轉型正義」的政治張力和《憂鬱之島》中所暫緩的政治批判

在不少經歷獨裁者掌權的國家，例如南非、巴西、阿根廷、智利、臺灣，社會團體都曾提出「轉型正義」的訴求和機制。《憂鬱之島》所提及的四場群眾運動：六七暴動／騷亂、八九天安門運動、二〇一四雨傘運動、二〇一九反送中運動，除了港英政府有發表報告檢討六七衝突的成因和經過，民間研究者自行書寫和製作紀錄片，鞭撻在港土共的炸彈和白色恐怖或還原暴動少年犯的迷惘；中共政權先後定調譴責後三場運動為策動政變或顏色革命，民間書寫嘗試還原真相也隨著政權樂章起舞或噤聲。除此之外，這四場運動皆未歷經任何獨立而具權威的真相委員會去追究政權的暴力鎮壓，或白色恐怖參與者和加害者的權責誰屬。

在政體未歷經民主轉型前，任何嘗試回答四場運動性質的論述，都會使參與者或觀者對有關觀點屬偏幫政權或助力民間反抗陷入論爭。《憂鬱之島》的真誠，在於其嘗試提出具有意義的赤忱叩問，但被人批評之處則在真誠叩問的同時，未能更巧妙地處理爭議性人物的剪輯安排，尤其《憂鬱之島》的觀者大多為同情或支持中港民主運動的參與者，此點令人惋惜。這種惋惜，恐怕是隱藏在《憂鬱之島》中對在政治洪流裡受難之人的諒解、同情及演繹，未能獲得更廣泛的認同與理解，其獨特的見解也被埋藏在刀光劍影的批評之間。假若我們相信

《憂鬱之島》的視角，乃是期許觀眾能更人性、同情及諒解地看待不同政治參與者的對錯是非，從血海深仇開闢出能使不同政治光譜的人看見彼此的緩和政治衝突之路。但即使觀眾透過《憂鬱之島》能看見彼此的經驗相似之處，也不代表站在對立面的政治實踐者能輕易抹去在各自眼中相異的政治傷痕，甚至各自在對方眼中曾犯下的重大罪行能被瞬間原諒，冰釋前嫌。

欣賞和批判《憂鬱之島》的觀眾如何理解過往政治運動的性質、評斷政治運動參與者在時代洪流下的難以自主，以及愚昧人性為政治騎劫之際，大眾如何回頭檢視過去，做出道德論斷，不失公允地對各種人性光輝、平庸或邪惡給予恰如其分的評價，不為極權說項並能反省及避免使人性蒙難之因，撫平受暴力傷害的社群，重建眾人共同生活、爭辯和參與公共治理的政治基礎，是《憂鬱之島》的編導點了題而有待觀眾以自身經驗和實踐來回答的政治難題。

《憂鬱之島》當然很難為受傷的社群療傷，也無法提出轉型正義的前提、政治運動的未來，但其著墨的課題：政治暴力、社群傷痕、歷史記憶、社會運動與藝術敘事，在在指出香港社會要解開過往封塵的傷口、爭議與政治意義。在極權壓迫和反身自省之間，灰色地帶極少，卻更需要眾人深入有關地帶，去看清香港人不能自主之原因，嘗試找出自主的極限和現實限制，在爬梳過去的過程中，發掘出更多政治、情感和歷史分析的資源，以便社群能重新整裝，往未來出發。

群眾運動及社會運動，是人類社會互動變化的一個媒介，存在其歷史意義，屬特定時空的產物但同時存在爆發性的轉型空間，去批評甚至逆轉社會的權力關係、文化習俗、政治聯盟的勢力版塊，使個體或群體能更有力地推進其政治議程。假若要論及社會運動遺產，或去討論群眾運動到底為參與者帶來什麼，則不可不細究群眾運動中參與者的心態、思想和行為轉變，以至參與者如何回頭思索理想社會的前行路徑與政治挫折的癥結成因，未解的社會爭議和政治創傷為何物，如何重建群體的政治動力，政權／國家機器與社會的關係應當如何互動，而現代民族國家又如何在（不斷重塑的）歷史記憶、跨國治理制度、資源經濟競逐爭奪的情況下，立足在現代經濟意識形態和制度之爭中……種種問題，都是《憂鬱之島》片中所提及、「為了什麼」、「為了怎樣的香港」的數場政治運動其背後脈絡的爭議所在，形塑了個人以至群體的共同政治情感。

願受群眾運動洗禮的眾人，都能更有魄力、韌性和洞見地回顧這些政治論爭，朝確立心中的政治答案之方向進發。望周知，願共勉，方不失提煉《憂鬱之島》所引起的政治爭議和辯論之價值所在：「香港，對你來講是什麼」當中的答案，又是為了什麼價值、盼望、情感或理想而存在？

1 程翔，〈藝術創新不能凌駕歷史事實——談香港《憂鬱之島》引起的爭論〉，《上報》，二〇二三年一月二十九日。亦可見顏純鈎，〈當我們面對歷史時，必須具備三種基本態度——被石中英綁架的《憂鬱之島》觀後感〉，《大紀元時報》，二〇二二年十一月一日。

2 泛指支持泛民主派及反修例運動的人。

社運創傷經驗的超克

——從《憂鬱之島》看政治情感的曖昧與變易

⊙駱穎佳（香港學者，從事文化研究工作）

《憂鬱之島》嘗試以幾代的香港社運或政治運動的參與者之間的對話或角色互換來探討彼此的差異與類同，特別是在政治情感的思索上。正如導演陳梓桓指出，「在不同年代的人之間，有些歷史會重複，但又有很大的差異，而在這些不同的歷史層次中，我們都見到今天的香港。」[1]但我認為更加不能忽略的是不同年代的人，如何面對因政治運動所帶來的創傷經驗。所以，我們在片中見到因恐懼文革而偷渡來港的伯伯與九七後成長的香港年輕人對話，帶出伯伯被迫參與文革的無奈，後來更為了自由，投奔怒海，冒死同愛侶游來香港的故事；又見到曾在八九年北上天安門參與學運的香港大學生，跟當下香港學運分子的交流，帶出後八九學運一連串的無奈及創傷，特別是理想主義幻滅後，過著逃兵般的生活；更見到曾參與六七反英抗暴運動而被港英政府判監的愛國分子，跟二〇一九年香港反修例運動中被捕的年輕人對話，帶出彼此對國家、囚禁及恐懼既相異又相似的看法。

在電影中所見，儘管各場政治運動的年代、背景、成因及性質不同，但不同參與者的創傷經驗都跟大他者（中國）有關，即精神分析所指的一位象徵父親或法規的權威。因此，他們都自覺或不自覺地，以超克（overcome）大他者來面對自身的創傷或恐懼，更以此作為自我身分界定的座標。這方式不一定是認同，也可以是拒絕認同或拒絕被認同，透過逃避、戀慕及對抗大他者來體現，最終成為每個政治運動參與者建立自身民族或本土身分的參照點。例如上述六七反英抗暴的參與者，因著認同中國，不滿成為英國人管治的殖民主體，就透過暴亂來宣認及體現自己的中國人身分；而上北京參與支援八九六四學運的香港大學生，也因為被北京學生愛國之情所打動，而重新想像（例如部分人將愛國及愛黨分開，以文化中國作座標）自己的中國人身分（因殖民地教育一直是一種去中國化的教育），投入支援中國的民主運動。當然，也有比較無奈的，因不滿文革對自由的壓制，而選擇逃離自己的家鄉（及大他者）；而二〇一九反修例運動的香港年輕人則以反抗這個大他者來追求本土的身分認同及自主，並嘲笑老一輩的香港民運參與者（即所謂泛民[2]）為「大中華膠」。影片最精采的地方便是讓這班處於跟大他者不同位置的歷史主體，嘗試超越時間的局限來展開一次位置互換的對話，甚至扣問每個經歷過二〇一九年的人對自身作為香港人的思考。正如論者莫坤菱指出，《憂鬱之島》是一部「後運動電影」，因「它不再局限於當時事發和對錯，而是深化討論運動後可能會發生的選項：坐監、移民、如常過活、抽離、或者無法抽離……《憂鬱之島》的野心不局限於二〇一九年發生的社會運動，它是想狠狠詰問每個經歷過二〇一九年的人，一條導演在紀錄片開初已經搬出來的問題：香港，對於你來說是什麼？」[3]

但無論對他者是愛是恨，幾代人都為此付上了代價。電影中，特別提到六七反英抗暴及反修例運動的參與者都要付上坐監的代價。雖則在六七反英抗暴運動中被港英政府收監而後來成為愛國商人（他辦內地觀光旅行社，及舉辦內地學生交流團）的楊先生，後來也過著不錯的生活（片中介紹他住香港淺水灣，是香港富有人家的住宅區），且其愛國情操亦得到重視，例如帶香港學生上四川參觀大地震遺址，受到國家的肯定。但從片裡他跟年輕反修例運動抗爭者的對話中，他對自己這段「抗爭」歷史不無後悔（其中一個原因是他們當年被港英政府拘捕並留有案底，但香港回歸後卻仍未洗底〔清除案底〕），甚至表示自己自此不再參與任何政治運動，因運動令他付上沉重的坐監代價。他一直認為自己無錯（楊說：「我嗰時都唔知自己啱唔啱，但當班差佬圍住我打到我仆街，我知我一定要啱。」〔那時我也不知自己對不對，但當那班警察圍著我毒打時，我知我一定要堅持是對。〕），即使當年只要認錯便可以立刻出獄，甚至不再留有案底，他也絕不認錯，因他認為承認自己是中國人有何問題？當中他認為最痛苦的，是放監之後，無人理會，甚至未被中國政權確認他愛國，即未被大他者所肯定，從而受到傷害。事實上，與他在片中作角色對照的年輕抗爭者譚鈞朗，也直言不會認錯，因為了自己的地方抗爭是理直氣壯的（這點跟楊當時面對英國人警察死不認錯也相似，只是認同對象不同，一個認同中國一個反抗中國），但當面對被香港警察的打壓亦不無恐懼。

所以大他者不只界定了他們的身分，也帶來了他們的創傷經驗，亦將他們由最初的抗爭主體，轉化成一種創傷主體。這由大他者帶來的創傷不只是身體性，也是精神性，甚至成為香港人身分的創傷性內核，即無論你愛「他」與否，「他」總如影隨形潛存在香港人的（潛）意識裡。六四回來的香港學生，雖則保存了生命，但片中所見，其中一位女性參與者亦需要食藥來醫治創傷，而男的，即後來成為律師的小強，亦承認六四給他理想幻滅的感覺（一廂情願的愛國主義作為一種對大他者脆弱的幻象），帶來一種精神性的創傷（可能從未想過自己的父親會對自己的孩子施暴，又或一廂情願地以為自己的父親會因著孩子的示威／脅迫而屈服）。事實上，有時甚至表現得很愛國的人，也可能是假裝的。以愛國來掩飾自己的創傷，有可能只因擔心「愛」得不夠而被大他者懲罰，又或者為著過去的被殖者身分而內疚，希望以「愛國」來贖罪。不要忘記大他者是代表父權的法規，任何被懷疑有「殺父」傾向，或不聽話的主體，都可能首先被正法（影片中楊先生表現得那麼曖昧，一方面六七後不被認同而感到被出賣，但另一方面又熱心往內地做慈惠（慈善）工作，這種愛恨交繫的情感狀態也是矛盾。）

某程度上，我認為，電影要呈現的香港社運／政治運動史，是一種帶有情感性的社運歷史，當中不僅沒有浪漫，或只僅有短暫的激情，而更多的是創傷、憤怒、失望甚至恐懼。更重要的是它探索政治情感的複雜性，甚至曖昧性，從而立體地檢視每個政治運動參與者，如何面對運動帶來的精神創傷，例如因創傷放棄信念或轉化信念成為另一種改革的行動。我認為以情感的角度去呈現香港的社運史，比起只討論背後的論述，能更立體地呈現政治運動參與者的複雜精神面貌。因情感往往是矛盾及混雜，令主體在任何運動裡既主動又被動，既清醒又盲目，既思進又思退。所以對作為情感主體的運動參與者進行檢視的時候，我們更難一刀切地以好人、壞人或英雄等簡化的框架來理解（但這不代表對在政治上做出選擇的人，不做倫理判斷：特別是對某類無知於，甚至無視於暴政禍害並參與其中的人，即無視暴政的人）。我相當同意評論人莫坤菱所指，這齣電影「幾乎是談近年社會運動創傷（aftermath）談得最好的電影」。[4]特別是電影以「憂鬱之島」

作片名，藉這種失落的情感（佛洛伊德指出，憂鬱症是對喪失的事物的哀悼，通常是由於失去深愛的人，或者一些對抽象物，例如國家、自由或理想的失落而起）來凸顯幾代香港人在面對大他者威脅時所做有關去或留，進與退的掙扎。正如香港評論人吳芷寧指出，「至於《憂鬱之島》之憂鬱，在戲裡還有另一層時間的向度。無論哪個年代，島上都在上演集體壓迫個人的戲碼，都無法逃離『走或留』的城市命題。那是種苦難永劫輪迴式的憂鬱。」[5]或者，失去自主性正是這小島上的人的集體鬱結，甚至創傷。

當然，這種憂鬱或創傷真的會打倒抗爭者嗎？對小強來說，六四帶來的理想幻滅，在大型運動之後，令世界更差，更黑暗，但這樣沒有令他變得犬儒或逃避，即完全放棄對政治運動的參與，又或向年輕的抗爭者「潑冷水」。反之，他在學運分子的聚會（學聯週年晚宴）中鼓勵年輕的參與者，甚至認為他們這代人虧欠了年輕人，對不起他們。此外，他又投身社區為基層市民提供法律援助，甚至關心入獄的社運分子的審訊，以致每年都堅持哀悼六四的死難者。反而愛國商人楊卻有點兒犬儒。他不再信任何社會運動及政治，所以片中他苦口婆心提醒年輕的抗爭者為運動而坐監相當不值得，並以自己的失敗，甚至被遺棄的經驗來預示年輕抗爭者也將會遇上相同的經驗，成為政治運動裡被遺棄的孩子（abandoned kids of the riots），但諷刺的是他又以愛國作為進入中國營商的藉口，難道當中就不涉及政治？這反映出，雖則他們都是創傷主體，但也有差異性，即各自對創傷的經驗有不同的理解，也因應創傷的程度做出不同的正負面反應。正如文化研究學者王樂儀指出，「當我們認知痛苦是無法共享，接受痛苦之間的差異，卻是做成不同民主行動的緣由。成為了基層律師的林耀強，在六四晚會之中，堅持喊支聯會口號所隱含的痛苦，與擦過身邊一位揮動香港獨立的旗幟的抗爭者的痛苦，有交疊之處，同時也有著差異。我們終究慢慢在生成一個與不同人一起共居（cohabitation）的政治實體，而要面對之間每個大大小小的差異。」6

但在小強身上，苦痛卻成為了一種「倫理性的打擾」（the ethical interruption），即他人之苦打擾了他的正常生活／日常價值之餘，更逼使他思考什麼是可以活的生命（the liveable life），令他成為一種為他者而活，甚至哀悼他者生命（堅持每年為六四死難者哀悼）的倫理主體。這亦令人想到茱蒂絲・巴特勒所指，真正的倫理生命是為受傷／逝去的人哀悼的生命，因唯有在哀悼中，我們重新反思他者對我的意義，特別想到他者如何在脆危生命（precarious life）裡受打壓，而我又可怎樣回應他者的脆危境況，從中發現彼此苦苦相連的關係，叫人從沉醉於「自我」的世界中覺醒，明白什麼生命是真正值得活下去，什麼人是真正可為之而活。雖則小強在片裡自稱是一位理想幻滅的失敗者，但他反而是一位能轉化創傷，超克傷痛，避免落入犬儒主義的試探的一位「後運動」參與者，起碼他仍堅守原初的價值，擇善而固執，雖則顯得時不我與。

此外，我特別喜歡片末以一個一個在反修例運動中被控告的人的面容來作整部電影的結尾。當中，被控告者沒有發言，也沒有配樂，有些是我們熟悉的政治人物，但更多是無名的普通市民。在完全靜音下，字幕只出現各人的職業及控罪，導演的意圖是明顯的，就是「告訴別人，這些人就在我們身邊，不是離我們很遠的。這也讓觀眾見到這一刻的香港面對的掙扎，包括有很多『無名』，也有很多坐牢的人」。[7] 但最打動我的，是被控者的憂傷不安的面容。哲學家列維納斯指出，他者的面容，不只是物質性，也有倫理性，因他者面容所呈現的，不只是每個人的性格及特徵，而是當中的脆弱性，它如泣如訴地，叫我們記念他／她，甚至為他們的生命負上倫理的責任。列維勒斯指出，當我們不由自主地，被他者的目光所捕捉，我們便不能逃避他者的倫理召喚，由為己的生命轉化成為他者而活的生命。正如吳芷寧指出，「在那些真實的臉容上，有簡化論述無法概括的獨特精神面貌，有溢出嚴謹框架的所思所感，一再撩撥、挑戰、質疑敘述的絕對真實性；一再告訴我們，生命的可能。」[8]電影的倫理力量，便在這種沉默的張力裡展現出來。

當然，電影這種以大他者作座標來理解香港過去幾場重要社會／政治運動，也不是完全沒有商榷之餘地。因每場運動的成因總是複雜，也不完全基於戀慕或對抗大他者作唯一的基準，而只被動地以回應大他者作理解香港社運分子的理念亦會削弱了當中的多元性、複雜性及自主性，特別在香港人身分的確立上。例如當年香港的六四運動，除了有其愛國元素，亦有不少香港人抱持自保／利的心態，即主觀希望運動能帶來中國民主化，有助保障香港人在九七回歸之後有更多的保障；而亦有不少參與六四悼念活動的人，特別是近年的香港年輕人，則是以一種普世人權的價值觀，而非一種愛國主義的心態來參與。又以反修例運動，甚至更早的雨傘運動為例，對抗大他者也不是運動原初的起點，反而是大家對香港法治的捍衛，對民主選舉的嚮往（特別是立法會及特首選舉）所衍生出來的公民運動；而六七反英抗暴運動當中跟當時文革有千絲萬縷的關係，也不能單以愛國主義的角度看待，例如拍攝六七暴動的紀錄片《消失的檔案》的導演羅恩惠就指出，六七反英抗暴，是因為香港工委和左派擔心不跟從大陸文革的鬥爭路線就會被削權，最終激化為群眾鬥爭才造成恐怖的暴力事件（如放土製炸彈傷及平民百姓）。但瑕不掩瑜，整部電影極精采地描述幾代人的掙扎及困苦，看得讓人動容。片中老伯伯唸的詩叫人難忘：「越山越水，越界少年，越海夢化，一縷輕煙。」對幾代香港人來說，越山越水越界越海是際遇，夢化煙滅卻是命運，這種悲情，究竟我們這代人能否超克？是我看畢電影後仍纏繞不清的困惑。

1 劉雅婷，〈陳梓桓《憂鬱之島》映照的香港故事：大海浮沉，找一座孤島的命運〉，《報導者》，二〇二二年十一月十二日。
2 民主派（或稱泛民派）是香港人對民主派政治組織或成員的統稱，只要在政治態度堅持追究六四責任、追求香港自由民主和支持真普選——以一人一票的方式直接選舉行政長官與立法會議員——的就屬民主派。
3 莫坤菱，〈今年香港最被低估的紀錄片——「憂鬱之島」〉，CUP媒體，二〇二二年五月十七日。
4 同注3。
5 吳芷寧，〈如何說「真」香港故事——本地歷史熱潮下看《憂鬱之島》的尖銳與寬懷〉，《映畫手民》，二〇二三年四月。
6 王樂儀，〈失語與實踐，個人與萬千——憂鬱之島〉，《映畫手民》，二〇二二年十一月。
7 同注1。
8 同注5。

鳩叫、迴響、異議、答問、雜音

——《憂鬱之島》的自覺之聲

⊙謝曉虹（作家，香港浸會大學人文及創作系副理教授）

自覺之聲發，每響必中於人心，清晰昭明，不同凡響。非然者，口舌一結，眾語俱淪，沉默之來，倍於前此。

——魯迅〈摩羅詩力說〉

《憂鬱之島》的第一幕是夜裡，灰色擁擠的住宅樓宇聚落，細小的窗口透出微明的燈光，根本看不見人臉，卻迴盪著響亮的呼喊聲：「光復——！」任何在二〇一九身處香港的普通市民，大概都曾聽見這些在八九月間，每晚十點鐘即迴盪於平民住宿區的叫聲（或曰十點鳩叫）。那些口號傳達的訊息，事實上非關字面的意義，而是在一特殊的社會情境裡被召喚出來的，突破了日常的內在之音——我想到的是傅柯的全景敞視監獄（影片中緊接的場景，便是赤柱監獄），在一座高度資本主義的殖民城市裡（我們知道殖民沒有過去，許多殖民早期的惡法，例如賦予行政長官權力繞過立法會頒行法例的《緊急法》，正是在二〇一九年時被引用訂立《反蒙面法》，以打壓反對聲音），那些被分隔起來的，即使住在同一幢大廈裡平日也根本不打招呼的人們，忽然發出了一聲聲咆哮，穿越牆壁，重新觸碰到彼此，也把孤立無援的個體重新連結起來。

然而這種群眾的共鳴並非單一化的「集體」聲音。這些吶喊的最初號召人不過是 Telegram 群組裡的一個無名者。事實上，當一個孤立的個體首先在窗邊試圖發出自己的聲音時，他／她並不確知，自己的聲音會遇見另一聲音，迸發出連綿不斷的迴響。聲音投擲出去所獲得的回答，讓每一個孤立的個體重新確認被權力否定的聲音，發現自己並非「例外」的瘋子，他們並非「少數」的麻煩製造者。正在他們自發、冒險地發出第一聲吶喊時，他們已經加入到一場沒有帶領者、沒有指揮家的意外合奏裡。此一情形，就像二〇一九至二〇二〇年多次不獲批准、即興的行動之中，個體必須冒險來到「現場」，才能從其他參與群眾中，辨認自己並非孤立的例外。

而在啟首約四十秒的的吶喊聲過後，鏡頭轉向了赤柱監獄，攝影機隨之深入到監獄的裡面，導演以畫外音追問：「對你來說，香港其實是什麼？」這一提問，指向每一個異質的「你」，並且也是一個眾數的、複雜而多層次的「香港」——它不是一個地理位置、某一時空裡的文化意涵，而是一個由異議者的雜音形成的共同體。

作為一部充滿實驗性的紀錄片，《憂鬱之島》在「紀錄」與「劇情」之間的辯證最為人樂道，尤其導演邀請了多位當下的年輕抗爭者來充當「演員」，演出不同年代的反抗行動。影片啟首的窗邊咆哮，正好可和其中一幕戲劇化地呈現的文革集會作為對照。當作為演員的群眾在山野鄉村振臂呼喊：「毛主席萬歲！」而混在其中，當年曾下鄉插隊的知青陳克治說：「不，沒有那麼激烈，沒有那樣的應答」時，作為演員／文革倖存者的他，提醒了作為電影觀眾的我們，畫面上的文革集會是一種雙重的表演。打破幻覺的間離手法所針對的，非單是電影這個媒介的虛幻性質，也不僅關於歷史回憶的錯漏扭曲，而是衝擊著我們當下活著的「現實」：你目前過的生活，你所「扮演」的你，也可以是一種意識形態的再現。我們必須追問，並小心辨識，在集體生活之中，哪些聲音才是真正來自我們自己的「自覺之聲」？而陳克治的評論，不單揭穿了電影演員的扮演，同時也是他當年面對「革命群眾」時，在自己心裡提出的異議，觸發了他逃離身處的境況，追尋屬於他自己的自由之路——香港。

《憂鬱之島》對於「香港」身分的追問，並沒有急於挖掘出某些集體文化的象徵物，它的策略，反而是首先鬆動個人固有的身分，通過「我」的開放性，讓真正的「對話」，而不是「獨白」得以進行。就像在電影開始時，當群眾冒險投擲出吶喊，日常突然被擊破，內在的我被釋放出來，抗爭者在《憂鬱之島》裡的扮演，也是一場變成他者的實驗：嘗試疏離自己固有的族群、文化身分認同，模擬他者的聲音說話。我們並不期待他們像專業演員一樣，能充分投入到另一個抗爭者的角色裡，反倒是一種不徹底的扮演，使他們徘徊於他者與固我之間，讓人警醒，身分並非給定，而總是一種選擇。

影片聚焦於石中英的部分惹來不少爭議，但他和二〇一九抗爭者譚鈞朗進行的對話，卻是一個重要的實驗，因為正如導演在不同的場合提到的，兩人所進行的「對話」，幾乎完全失敗。與片中的其他異議者不同，石中英對英國殖民統治的反抗，受到了另一權力核心的召喚，並且建基於一種意識形態化的幻想關係。正作為被國家這個絕對主體所召喚的一個鏡像主體，他不過是國家權力的回聲。正如他評論六七暴動的參與者，他們「希望中國政府，承認他們是愛國的」，也正如他不無苦澀地說出了：「你愛國，一定要國家先愛你；如果國家不愛你，你愛什麼國家？」——其「愛國」的理想，正是國家投射在他身上的幻象。面對一個反覆無常的政權，石中英（同時也是楊宇杰）對於自己堅持的「信念」也只能變得模稜兩可，自欺欺人。

在各種扮演之中，最觸動人心的，是當鍾耀華在影片裡「重演」自己二〇一九年四月十日在法庭上就占中九子案進行的一番陳詞。他首先否定的是，法庭強加於他的角色：「現在控告的，並不是D7，或者D1，2，3，4，5，6，8，9。」在法庭這個國家機器裡，他拒絕作為一個「犯人」，同時也拒絕向偽裝成公義的法官「求情」。也就是說，他要重新定義自己真正的陳述對象，而他的發言，為的就是打破由權力所操控的「現實」幻象，企圖觸及每一個人內在的可能被喚醒的聲音，那些在一場運動裡，曾互相應答的，進而可以展開對話的人。與石中英相反，他拒絕接受權威的召喚，倒是寧可把運動的「失敗」，視之為一個自我再生，並且與世界重新建立關係的機會——

我們得毀掉被條文、被權力、被體制所形塑的自己，我們要走進一個充滿未知、一個在歷史與當下糾纏不清、一個在個人努力與萬千偶然混雜複合的世界，去關心我們的世界，而非僅僅關心自己的位置……我們，包括在座的各位，是有責任走出法庭／議事庭／媒體／一切中介去親自理解世界，體悟世情。這全都不是這個法庭可以告知。

《憂鬱之島》開拍於傘後社會運動的低潮，導演追訪處身香港，過去曾參與抗爭運動的「歷史人物」，為的是探問當下「失敗者」的未來。影片另一個聚焦的人物，八九天安門運動的學生代表林耀強在學聯晚宴的聚會上說，期待世界變得更好的他（們），在八九以後發現世界只是變得更黑暗；他想要推動的民主運動，在現實裡觸礁，從此不想再醒來面對這個世界。影片呈現林耀強所面對的威脅，不是坦克的暴政，也不是牢獄之災，而是他在運動高潮過後二、三十年裡，必須孤身面對的繁瑣的日常。他向岑敖暉不無歉疚地訴說，自己過的是一種「不徹底」的生活——律師事務所裡堆積如山小市民的求助個案、長了必須再剪的頭髮；至於過去火熱的運動，也萎縮成三個人的集會，以及一條寫著「人民不會忘記」的毛巾。然而，影片關心的不是一個英雄的落寞。從二〇二〇年眾籌開始，《憂鬱之島》就已經預示了，它是一部屬於眾數無名者的電影；它片尾不注明姓名所展示的眾多被捕者，也提示了我們暴力之網的巨大與日常。影片呈現作為「倖存者」（而不是「失敗者」）的林耀強，最動人之處，是他如何抵抗日常生活對信念的磨平——堅持相信自己的內在之音，堅持做一個異議者。

「香港對你來說是什麼？」沿著這一問題，我們不會找到定義「香港」的答案，倒是必須追問每一個人與它的關係，重新尋索「你」是誰，聽到屬於自己的聲音。對於陳克治來說，香港是一個自由的地方。然而，正如導演說，陳克治本身才是自由的象徵。自從一九七三年在九號風球中游水偷渡來港，他多年來堅持體格鍛鍊。正是其每天八時到黃埔海邊，重複投入到海裡的姿態，賦予了我們對「運動」不一樣的想像：其中的信念，既包括了最初冒險的選擇，同時也必須是漫長日子裡反覆的踐行與練習。以土地意象主導的國族文化身分論述來審視香港，它的「無根」向來被視為一種先天的缺陷。然而，在《憂鬱之島》裡，陸地已經與監獄的意象連結在一起。倒是通過站在船上的陳克治的目光，香港的邊界，被擴闊到起伏不定的海浪。當絕望的人在窗邊咆哮，在那個時而平靜時而凶險、不少人葬身的大海裡，同時也不住傳來飽含其他可能性的迴響與應答。

從黨國到社會，從中央到本地，從地下到日常

——《憂鬱之島》的爭議，與戰後香港左派青年的生命史

⊙林易澄（白色恐怖書寫者，
中央研究院歷史語言研究所博士後）

當年發生的事情，與今天的我們有什麼關聯？紀錄片《憂鬱之島》嘗試以重演的手法回答這個問題。電影邀請近年香港社會運動的青年，再一次走過多年前青年的足跡，說出當時的，或者新的對白。在重演中，這些身影的重疊，既呈現出差異，也呈現出相同的事物。在香港島嶼命運又一次處於路口的時刻，陳梓桓導演似乎意在重探半個世紀來香港青年的軌跡，以看見前方的道路。

當下與過去的距離及連繫

對二十世紀的青年特別是殖民地青年，歷史時常被時代變局打斷，集體記憶也因此破碎，在不同的世代之間，差異往往超過相同之處。《憂鬱之島》的爭議正是如此。電影中的三代人——一九六七年投身「六七暴動」的青年，一九八九年聲援北京天安門事件的青年，這幾年在雨傘與反送中運動中成長的青年——同樣懷抱理想熱情，道路卻因時空而不同。後兩代人有著民主中國期待與本土派意識之別，但同樣站在中共政權對立面，第一代人參與的卻是中共政權在港組織，儘管目標是對抗殖民地政府，訴諸街頭炸彈恐怖攻擊，結果反致民眾的創傷。

從與中共、與香港市民的關係，有評論者認為，三代人不能比較，並列呈現反而洗白六七暴動，誤導不曾經歷當年的觀眾。相對於此，也有評論者說，無論如何，六七暴動是香港的一段歷史，那些青年的出發點也是懷抱理想的，作為回看香港的紀錄片，不該割捨。

如何去思考這一爭議？我想，我們可以再往前跨出一步。透過重新演出，不僅去發現當年此刻的同與異，也是去察覺當下與過去的距離。那距離既將我們與過去隔開，卻也意味著，我們與過去有著這樣、儘管曲折遙遠的連繫。

作為一個非香港本地的觀眾，《憂鬱之島》的爭議，讓我想起過去研究臺灣戰後白色恐怖的經驗。訪問一九四〇年代後期參加中共地下黨的前輩時，他們提到的詞語，常不僅是今日字面，而是帶著自己的邊界與範疇，帶著時間厚度，嵌入整個生命史。這使我看到電影中屬於第一代人的楊宇杰時，比起他將反送中運動青年指為「反中亂港」的政治立場，更想知道的是那「愛國者」與「被拋棄」的虛無主義矛盾心態如何產生。他與同輩左派香港青年怎麼成長？因為什麼契機而加入中共相關組織？他們的熱情在組織中怎麼被打磨塑型？他們怎麼度過後來的人生？他們如何走出來，或者，如何沒有走出來？

帶著這些疑問，看完電影之後，我閱讀了一些相關的研究書籍。近年來，六七暴動的挖掘，已獲得較清楚的輪廓，不過多聚焦在社會背景、事件經過，以及中英高層主事者的行動與責任，[1]對於其間地下黨青年心路討論較少。後來我從司徒華先生（一九三一—二〇一一）的《大江東去》和梁慕嫻女士（一九四〇—）

的《我與香港地下黨》兩本回憶文字，[2]得到較多這方面的史料。

這些生命史的線索將我帶往比較的視角，看到戰後香港左派青年這段歷史相對特別與可貴之處。與一九五〇年代遭遇國民黨政權肅清的臺灣地下黨相較，一九五〇年代之後仍然存在的香港地下黨，具有特殊的歷史條件，既是中共黨國組織的一部分，卻運作在非中共直接控制的社會。兩者之間的隙縫，既帶給左派青年困惑和創傷，但也使他們具有一種可能性，去開拓不同道路。他們的人生與思考，呈現出半個多世紀以來青年投身政治行動的軌跡：從黨國到社會、從中央到本地、從地下到日常。沿著這道軌跡，我們將會發現，那跨出地下黨、從縫隙中長出的可能性，正與更後來世代的香港青年面臨的課題深深相連。

臺灣的經驗：作為一個共產黨員意味著什麼？

與《憂鬱之島》中引發爭議的一九六七年香港左派青年類似，要去重新認識一九五〇年前後，臺灣白色恐怖政治案件裡中共地下黨的歷史，對於當年的青年與半個多世紀後的青年，都有需要跨出去的一步。在進入香港青年的討論之前，近年臺灣的歷史挖掘工作，當是有幫助的對照案例。

臺灣民主化之後，一九九〇年代最初開始的口述歷史，受訪者中曾參與地下組織的前輩談到過往，多半是冤假錯案，往往是參加了讀書會被牽連入獄的故事。之所以如此，是因為經過四十年，到這些故事終於可以開口談論的時代到來時，作為一個共產黨員，已經與臺灣社會有些距離了。社會主義的理想，在全球化資本主義繁榮中顯得非常遙遠。社會主義的現實，隨著文化大革命真相揭露，以及蘇聯共產體制垮臺，更顯殘酷。當年對新中國的期望，則與臺灣主體意識的抬頭格格不入。直到二〇一〇年前後進行的訪談，許多前輩一開始仍不太願意談起，那既包括了當年同伴被槍決自身被禁錮的創傷，也來自於當年理想不易被理解的沉默。

在幾次拜訪後，當前輩開口說，「其實，我有參加組織」，雖然只是一句簡單的陳述，卻深深感到其中歷史的重量。那不僅關於當年發生的事，也關於這些事情一直到今天的歷程。

那份重量把我們帶回到未來還沒有確定下來的時刻。彼時他們所嘗試展開的行動，超過了日後簡化的理解——綠島紀念碑，更多從人權角度呈現政治受難者；北京西山紀念碑，則將他們描述為了祖國統一復興犧牲的烈士。在那個時刻，他們，甚至他們的上級幹部，對遠方的中國共產黨只有模糊的認識。在二二八事件之後，許多人察覺到，跟新政權壓迫者對抗，一個人是不行的。許多人都在尋找「組織」，認為這樣才能去建立一個更民主更公平的社會。他們一邊觀察大陸上的國共內戰，一邊就有限的資訊，從身邊開始，協助佃農與地主談判，與廠裡的工人討論是為了誰在工作，設想著，當戰局發展到這裡，要如何因應，想像著一個新的國家，一種新的社會。一種樸素的，從身邊的人們出發的革命工作。

從而，我們便可以理解，儘管多年後，那些前輩的政治立場看似不同，但無論偏向「統一」或偏向「獨立」，和今天的同一個名詞都不完全一樣。有人仍然抱持社會主義寄望，欣喜奧運舉辦，捐款鳥巢體育館的修建。也有人在終於踏上「新中國」時，發覺與當初想像完全兩樣，在歸途上轉向了臺灣本土意識。然而，兩者其實並不那麼遙遠，都關於當初所期望的一個更好的國度。

最能說明這一點的例子，是陳英泰先生對日本海軍軍歌〈海行兮〉歌詞的翻譯：

> 海行かば，水漬く屍，山行かば，草生す屍，大君の辺にこそ死なめ，かへり顧はせじ。
>
> 我若由海路行走，將不惜成仁為浸在海水的屍體；若由陸路行走，將不惜成仁為被野草裹包的屍體；我為大家、為社會、為社會犧牲捐出我生命，義無反顧！

這是同牢房的郭慶先生，被點名帶出去槍決之前，向難友告別所唱的歌。陳英泰一直沒有忘記那一幕。在回憶錄中，他將歌詞裡，主人翁把生命獻給「大君」（天皇），翻譯成「大家、社會、國家」。[3]那當是最貼近郭慶槍決前心情的翻譯。從今天看來，一個臺灣青年，成為中國共產黨地下黨員，在被國民黨政權槍決時，唱了日本軍歌，似乎難以相接。但回到彼時，那或許並不奇怪。相較於遠方大陸上的黨，作為一個共產黨員，對他來說，更靠近的是眼前的大家，是思考著身處的社會未來可能的新的政治框架。而這些，仍與今天的我們緊緊地連繫在一起。

香港地下黨的特殊歷史位置：黨國與非黨國社會之間的縫隙

儘管中共高層領導人決策具體細節完整檔案仍未公開，對於六七暴動近年已有比較清楚的研究，大致如下：在文革狂熱極端思潮下，中共中央外交決策領導受到衝擊。周恩來、陳毅等人政治地位不再穩固，導致原先與港英政府妥協利用的策略出現變化。中共港澳工委負責人採取強化鬥爭策略，一方面在文革中自我保護，另一方面則期望緊張局勢「迫中央上馬」收回香港，提高自己聲勢。一九五〇年代後，因國共內戰逃難而來的民眾，導致香港人口快速增加，港英政府經濟、住房、交通、教育等諸多政策未能有所配套，形成不穩定的社會。港澳工委從而將一起工人抗爭事件化為全面對抗的戰鬥。但這極端思想下的起事並沒有真正回應社會，炸彈恐怖攻擊導致市民死傷，反而使得原本可能支持他們的香港民眾更願意站到殖民地政府「繁榮安定」訴求的一邊。這也影響了香港本地意識的形成，與事件過後港英政府的改革。

除了事件本身，身在其中，香港左派青年的想法是什麼？如果說臺灣地下黨，在中共建政之初覆沒，保留了一種樸素的革命的群眾工作與社會理想，那麼香港的地下黨組織，則呈現出另外一種特殊歷史位置。

一九四九年後，一方面，中共勢力在香港形成相對自給自足的網絡：中資企業、左派工會、報紙、中學，以及背後的地下黨組織港澳工作委員會。另一方面，作為對外經濟窗口，中共的政策是「充分利用，長期打算」，不與港英政府直接衝突。於是，不同於中國國內：既有社會關係被清除，黨國體制與新的社會組織合而為一；在中共建立革命政權之後，香港地下黨持續存在，在非中共控制的英國殖民地社會中發展。黨國的指令與非黨國的社會，兩者之間的縫隙，將香港左派青年的熱情捲入其中，他們日後的生命史，既呈現出創傷與禁錮，也呈現出對新的可能性的探求。

可以設想，正是這樣的歷史位置，將楊宇杰帶向他沒有出口的找尋。這樣的一位香港青年，帶著對殖民地社會的困惑，在黨的組織中，找到了彷彿答案的事物。若在其他可能的人生平行線，他也許會像前一年的天星小輪加價事件的蘇守忠、盧麒一樣，展開一場無政府主義式的騷動，不會繼續捲入更大的歷史旋渦。但是黨的答案，港英政府的逮捕監禁，都讓他堅定了信念，「我一定是對的」。這使得從中走出來，重新看向自己的出發點——香港這個島嶼的社會現實——變得更為困難。多年以後，中共否定文革，不再把六七暴動看作是光榮的故事，此種態度看似與當年相反，然而卻同樣出之於黨由上而下的命令。成了愛國商人的他，不斷推動平反，卻又無法真正說出自己對這段歷史的觀點。黨的命令仍存在於他的心中，卻又無法真正說服他。於是最後，我們在電影中看到，他走到了這樣一步，對著隔壁重演他的青年提出虛無主義的、被拋棄的心境，嘆息香港的命運始終為他人左右，但終於未能再往前跨一步，開口說出日後重演自己的青年所修改的對白：「我是香港人」。

縫隙之中的創傷

電影裡面，楊宇杰參與的《青年樂園》報刊活動，屬於左派青年組織。當時中共地下黨在香港的青年組織大約可分為紅色學校與校外組織，校外組織中，《青年樂園》色彩較為明顯，另有以文藝表演活動為主的「學友社」，以及左派色彩更淡的「灰線」。一九六二到一九七四年，擔任學友社主席的梁慕嫻，在回憶文字中談到了組織更細節的情況，適可進一步對照楊的經歷與心境。

在學友社中，社員與黨組織的關係十分密切。在發展社員過程中，社員會感到幹部對個人生活親切的關懷，但這也意味著，生活被納入黨的指揮下，幹部會一一針對生活問題要求檢討。梁提及她二十歲到學友社時，第一次參與的社員大會，便是討論一對社員情侶的戀愛問題。這是一種集體主義的生活與思考方式，進入其中，步伐便很難不跟著組織走。

隨著文革到來，中國國內情勢激化，政治運動氛圍也更強烈地在香港的左派組織展開。梁回憶一次學習活動後，幹部用力拍桌，殺氣騰騰地大喊「階級鬥爭係邊度（在哪裡）！」她也提及當時組織社員參訪香港貧苦社區，但比起居民本身，社員的「覺悟」是：「這麼眾多的窮苦人，只有毛主席可以解放！」到六七暴動，當罷工罷市沒有動搖港英政府，港澳工委開始採取更加激烈的手段。在電臺播音員林彬被炸彈炸死那天，梁感到很不安，察覺到這是組織的人做的，她向上級幹部詢問，上級的回答卻是「這是階級鬥爭的需要！」，沒有一絲猶豫和懷疑。

可以看到，香港地下黨，將中國國內的整套模式搬到香港的組織，以明確的答案，以緊密的組織，滲透到成員生活各方面，逐漸壓縮黨國與社會之間的縫隙。相較於一九四九年之前的臺灣青年，殖民地的香港青年，同樣懷抱尋找答案與組織的心情。但在中共革命政權建立後，香港地下黨組織對成員的控制、幹部思想的激進，都更為強化，也更少回應基層的提問，而加速向黨國體制一方傾斜。

而相對於中國國內黨國體制已與社會合一，以解放香港為目標的教條方針，終與香港社會實際有所落差，香港的左派青年再相信黨，也不免有上述的不安困惑。然而，這種困惑在集體主義組織生活中卻找不到回應。這讓香港左派青年面對到一種不同的創傷。相對於中國國內的人們，他們是主動、自己選擇了這一條路，這些不安困惑也在他們的自我上形成了更深的傷口。梁記錄了許多與她同年齡人後來的人生，除了幾位以他人為墊腳石在中共權力組織中力爭上游的幹部，多充滿苦澀。

下面再舉兩位為例。工人階級出身的宋嘉樹，一邊開設學生食堂，一邊做地下工作發展成員。因勞累過度心臟病發，黨幹部卻毫無援助，靠學友社員湊錢，才能到廣州的醫院手術。在病床上，他問自己，黨在哪裡？即使如此，手術後他仍然繼續組織工作。直到一次，他向上級說出他對國內文革的困惑，黨組織的反應是：安排妻子與他劃清界線。這讓他終於下定決心與黨脫離關係，不再接受任何幹部的挽回與工作安排，夫妻兩人重新打拚，從基層校工開始，到考取香港公務員，走向新的人生。

另一位，是中產家庭出身家境良好的葉淑儀。她外貌美麗、有演藝天分，成為學友社戲劇活動的臺柱，卻也因此受到上級幹部覬覦。在遭遇幹部性侵害後，十分痛苦的她決定要離開黨。卻因六七暴動，相關背景使她無法考上香港的大學。多年後，人到中年的她才在英國學校畢業。她跟梁碰面，想把這段經歷寫下來。但幾年後梁再聯繫時，葉卻說，她只恨那個幹部不恨黨了。梁後來得知，在漂泊無定下，她終於接受黨的安排，擔任一所紅色中學的副校長。

這些事例呈現出，香港地下黨的特殊歷史位置，在黨國與本地社會之間的縫隙，造成其中的青年，一方面有機會去反思黨組織的問題，選擇走向另外一條道路，另一方面，在精神上、在組織生活上，早年的銘刻，使他們要真的下定決心，又是那麼不容易。

這樣，我們便可以進一步去注意到，電影中，從「我是中國人」到「我是香港人」那一幕的意義。當新的世代的青年重新演出一九六七年的楊宇杰，面對英國殖民地政府的審訊，他改變了當年的對白。這句話，讓人想起陳英泰對〈海行兮〉的翻譯。那並不只是關於香港政治主體的認同，同時也意味著：「我」不是一個列寧式政黨地方黨組織的一員，而是一個從本地的社會出發的公民。或許，我們更可以把這句話看作是，面對自身歷史之際，虛無主義的楊，當他說出「這一百五十年來香港都沒有能掌握自己的命運」，他沒有能夠繼續說出口的下一句話，那在他的政治思考架構中所未能存在的一個新的出口。

有的電影評論指出，即使找六七暴動時候的青年拍攝，也可以有別的人選。不過，相較於已經面對了自己的過去，走出了傷口的人們——那句話已由他們自己開口說出了，這樣一位還差一步的老者與今天自然而然開口的青年，兩者的接續，從電影的角度而言，或更能讓觀眾感受到，走出來與未能走出來，兩者之間的張力。

從縫隙裡長出的可能性

中共黨組織的指令，與非黨國控制的社會，處在兩者之間，那一代的香港左派青年一方面留下了深可見骨的創傷，另一方面也在這縫隙裡長出了珍貴的歷史可能性。這種可能性從實際上的社會問題出發，從群眾的連結出發，不再是由上而下傳達中央領導的指令，而是由下而上讓組織長出枝葉花朵。司徒華的回憶錄正體現了這個過程。

司徒華是香港教育專業人員協會（以下簡稱教協）的主持者，也是六四之後香港市民支援愛國民主運動聯合會（以下簡稱支聯會）、民主黨的主要發起者。他比梁慕嫻年長十歲，前面提到的左派外圍社團學友社，便是他在一九五〇年代初期創立。在晚年肺癌過世前，留下的回憶錄中，他以極為深刻誠實的反思，回憶了從青年開始的這段過往以及日後帶著傷口戰鬥的歷程。

司徒華的青年時期，與同時代的臺灣的地下黨青年有許多相似之處。他們都在戰爭中成長，閱讀左派作家的小說，觀察著世界及中國的變局，從自己的思考出發，在機緣下參與了中共地下組織。從獨立思考出發的根源，可能也是相較於更年輕一些的左派青年，他與黨更早地發生衝突的原因。

一九五〇年代初期，他主持學友社，方針是在非紅色學校的學生中，進行群眾工作，以備將來發揮作用。然而紅校線的幹部對此頗為不滿，批評學友社不重視思想教育，許多文藝活動充滿小資產階級情調。到一九五八年，便發生奪權事件，藉幹事會大會選舉，引入大批紅校的新社員，選出新的主席，逼退司徒華。日後看來，紅校線幹部批評他挾群眾自重我行我素，不只是工作方針的爭論，更是因為，任何有獨立思考又深得群眾愛戴的黨員，對於黨組織而言都是無法忍受的。

當時剛參加學友社，奪權事件中，成為上級幹部棋子的梁慕嫻，多年後寫信致歉，司徒華則淡然地說，這件事對他或許是因禍得福。一九六〇年代初期他被調到《兒童報》擔任編輯，並隨《兒童報》結束營業脫離組織關係。這段時期，他對於幹部抱持質疑，但仍然對黨有所期盼。帶著心中的鬱結困惑，脫離組織關係，使他能從不同的角度去觀察文化大革命以及六七暴動，反思中共的本質。

一九七〇年代初期，四十歲的司徒華在葛量洪校友會觀塘學校擔任小學校長。港英政府決策推動九年國教，卻未增加教育預算，教師工作增加，實質薪水反而減少，激起教師大規模抗爭。這成了司徒華再一次、或者說第一次參與公共社會行動的契機。

抗爭中，司徒華遭逢兩面作戰。港英政府稱他是左仔，左派圈子則說他是托派。但戰線也在這之中一步步推進。他聯繫與學校相關的香港宗教領袖，與政府恢復談判，並透過民主投票解決了內部成員的歧異。對於社會輿論，他將這場爭取教師權益的運動結合改革教育的呼聲，進一步扭轉了媒體對政府的支持。在還沒有政黨與公民團體的一九七〇年代香港，教協成功取得了抗爭的勝利。

教協的方針，可以說是真正實踐了最初司徒華成為一位左派青年的理想。它立基於成員的生活，爭取教師的權益、提供會員福利，與此同時，它又將自己視為整個香港社會的一環，強調教師專業與教育改革，乃至於在一九八〇年代，進一步參與爭取香港回歸後的民主制度。

而這些工作能夠踏實地一一推動，正源自於與當年中共地下黨全然相反的制度：各種提案都需要經過會員的民主同意，每件事情都是透明的而不是由高層祕密決定。司徒華提到，中共方面不斷派人滲透，試圖打入教協與支聯會。他一直注意相關的情況，但他認為，「愈嚴密的組織，愈容易被中共滲透」，反而，在開放的方針下，沒有祕密情報會被刺探，也沒有滲透過來的個別幹部，能做出違反會員乃至香港社會共識的決策。在他晚年，有教協高級幹部向他坦白自己是被派過來的，他只是淡淡地說，他是知道的，但是對方一直以來都沒有做出不好的事情。

從學友社到教協，到支聯會到民主黨，如果放在電影對香港歷史的不同階段青年的呈現，司徒華的一生大致停留在第二階段；反對中共，但仍然期待中國的民主化，並未走向本土派以至香港民族的設想。但如果從革命的角度，思考公共參與、組織行動與社會的關係，他的想法與實踐，可以說是從更深處對中國共產黨提出本質上的顛覆。正如電影中，相對於政治活動場景，導演亦不斷穿插日常生活的鏡頭。文革時游泳逃港，半個世紀過去，老人仍然每天在維港游泳健身。那鏡頭像是說著，一個公共的社會行動，並非由英明的領袖與遠大的目標來界定，而要透過各種日常生活的累積實踐才能支撐起來。

永遠運動著的大海

在最後，我想提起一段在二十世紀初期的論爭，進一步說明前面這些歷史線索中蘊含的可能性，不只關於本地的過去與未來，也關於一種更加開闊的世界史的設想。

二十世紀初，社會主義革命方要展開，列寧（Vladimir Lenin）與羅莎·盧森堡（Rosa Luxemburg）都同意資本主義的矛盾將會引致革命的爆發，但是關於革命與群眾的關係，他們卻有著針鋒相對的看法。現實的困苦，推動群眾走向變革的契機，但是群眾又往往短視只關注眼前。如是，革命是要以列寧設想，先鋒黨的少數菁英革命家的地下行動，帶領鬆散的工人階級，指出他們自己未察覺到的歷史任務，抑或是，盧森堡更強調的，相信革命的動力，來自群眾自己思考與行動的能力。

最後，列寧帶領俄國革命的成功，中止了這場爭論。蘇聯黨國體制下，每個人都是巨大機器的一顆螺絲，螺絲與機器不再有路線目標的差別，機器也不需要螺絲自己的思考。一個以黨來代表工人階級專政的一元化體制誕生，成為此後各地共產革命的範例。

俄國社會民主黨中的一部分人，力圖使充滿希望的、生機勃勃的工人運動，通過無所不知無所不在的中央委員會的託管來防止失策……宣布自己是歷史的萬能的舵手……但是……真正的革命的工人運動所犯的錯誤，同一個最好的「中央委員會」不犯錯誤相比，在歷史上要有成果得多和有價值得多。[4]

距離羅莎．盧森堡寫下這段話已經過了一百二十年。在那之後，蘇聯式的革命政黨曾經席捲半個世界，但也正如她的擔憂，偉大的舵手們終於將革命帶向冰冷殘酷的黨國體制。然後到了二十世紀尾聲，隨著蘇聯解體，共產體制在信念與現實都遭遇破產，這場爭論也更為徹底地告終。

臺灣與香港地下黨的青年的生命史，與對這段歷史的重新認識，提醒了我們，當年這段爭論的持續，或許比共產主義運動本身更長。只要一個時代還有著青年，願意面對著他生長的社會，嘗試提出分析提出解釋，投身公共的政治行動，那麼他便會與新的同伴相遇，創造出「有價值得多」的新的事物。那是一個並非為了各種新的「大君」，而是為了「大家」而進行的創造與連結，不依靠地下的、祕密的指揮體系，而寄予公共的每個人的交流。這樣的力量，終有一天，會比外表看起來無懈可擊的一黨專政體制更加強大。

在電影中反覆出現的海水的鏡頭，或許並不只是巧合。在比較由上而下的黨的領導指揮，與群眾各式各樣的抗爭時，盧森堡賦予了後者大量關於水的隱喻。《港區國安法》實施之後，教協遭遇政治壓力，在二〇二一年，經過會員大會投票後決定解散。回望半個世紀的歷程，想起電影結尾的一張張臉孔，盧森堡這段話，該是最適合在下面引述作為結尾的：

它能在革命似乎已經陷入絕境時突然開闢新的、廣闊的革命前景；當人們滿有把握地指靠它時，它卻遭到了失敗。它有時像寬闊的海濤一樣洶湧澎湃地蕩及全國，有時又分成無數涓涓細流，形成一片廣闊的水網；它時而像一股清泉從地下噴湧而出，時而又完全滲入地下……互相混雜地、互相並列地、互相交叉地進行，它們像漲滿河水的大川相互波及；這是由許多現象組成的汪洋大海，它永遠都在運動著，變化著。[5]

1 余汝信，《香港，1967》（香港：天地圖書，二〇一二）。張家偉，《六七暴動：香港戰後歷史的分水嶺》（香港：香港大學出版社，二〇一二）。程翔，《香港六七暴動始末：解讀吳荻舟》（香港：牛津大學出版社，二〇一八）。張家偉書中採訪了多位基層參與者，主要關於他們對當年事件的看法，可與本文參看。

2 司徒華，《大江東去：司徒華回憶錄》（香港：牛津大學出版社，二〇一一）。梁慕嫺，《我與香港地下黨（增訂本）》（香港：開放出版社，二〇一二）。為便利閱讀，以下提及時，不一一標注頁碼。另外，需要說明的是，梁慕嫺與丈夫一九七四年移民加拿大，因移民問題與黨組織發生衝突，天安門事件後她對中共徹底失望，在一九九七年開始撰寫文章，向以前傷害過的人致歉，也對地下黨仍在香港政局幕後活動提出批判。梁依據自身對黨組織的經驗，指控一九九七後香港政界部分人物為中共地下黨員，由於缺乏直接證據，引起爭議。但這部分當不影響對過去的回憶，特別是心境、思想變化的可信度。

3 關於這段故事的細節，可參考林易澄等著，《無法送達的遺書：記那些在恐怖年代失落的人》增訂版（臺北：春山出版，二〇二二），頁四六—五四。

4 羅莎．盧森堡，〈俄國社會民主黨的組織問題〉，《盧森堡文選（上卷）》（北京：人民出版社，一九八四），頁五一七—五一八。

5 羅莎．盧森堡，〈群眾罷工、黨和工會〉，《盧森堡文選（下卷）》（北京：人民出版社，一九九〇），頁六四。

從何處來？往何處去？

——紀錄片如何書寫歷史

⊙潘達培（資深紀錄片編導）

「重塑過去？還是呈現當下？」在《鏗鏘集》這個新聞紀錄片專題節目做了二十多年，每當製作關於歷史事件的紀錄片時，我總會糾纏於這樣的拷問。紀錄片可以怎樣書寫歷史？回望過去的製作，原來一直都是站在當下，問著同一個問題：「從何處來？往何處去？」

時事與歷史

《鏗鏘集》是香港電台電視部一個長壽的電視紀錄片節目，一九七八年開播，隸屬於中文公共事務組，英文是 Chinese Current Affairs。顧名思義，current affairs 就是當下的「時事」。在過去的職業生涯裡，我曾負責過兩個紀錄片系列《百年一願》（二〇一一）和《走過二十年》（二〇〇九）。前者，是關於發生在一百年前的辛亥革命；後者，是關於製作時已發生二十年的「六四天安門」事件。無論是一百年前，還是二、三十年前的事，節目要探究的都是歷史事件對當下社會的延續影響。

《走過二十年》一連四集半小時特輯，以〈回家〉、〈解結〉、〈延伸〉和〈守望〉為題，尋找六四事件當下的意義：參與學運的異見者為何未能回家？歷史的結能有解開的一天嗎？公民社會有多強韌？香港能不能守護記憶？

我成長於香港，與八九年天安門廣場上的年輕學生同代，那是我這一代人的共同記憶。二十年後接手製作時已心裡有數，一些關鍵的歷史資料仍被中國官方封存，「六四」亦一直被官方重構和改寫。節目若要重塑整個歷史事件的來龍去脈，以電視的節奏、長度、製作週期，以至觀眾的接收都有難度。力所能及是蒐集個人的記憶，以呈現當下。「六四」，一直沒有終結。片中訪問的對象包括重要的歷史人物，例如鮑彤、蘇曉康等，亦有經歷其事的一介平民，我對他們在歷史事件裡的個人故事，興趣更濃。

記憶與歷史

「個人記憶」有多可靠？不易判斷，很多時候只能靠經驗。當然，說故事的人不一定存心編撰，只是人的記憶有時候並不準確。如何處理？最好能找佐證（cross check）去查核事實，但也不是一定會找到。只能盡量找出旁證，增加涉事人物證言的可信性。

在〈回家〉那一輯裡，流亡民運人士張健曾是廣場的糾察，八九年時他只有十九歲。六四解放軍清場，他說當他在長安大街指罵對面的士兵時，一個軍官向他打了冷槍。大腿應聲中彈，子彈一直留在裡面。二〇〇八年，攝製隊到巴黎醫院，見證醫生取出這顆藏在體內二十年的子彈碎片。黑色彈頭被肉瘤包著，那變了形、黑墨墨的金屬粒像是通往過去的一個奇點：那天，廣場上軍隊有向人民開槍。

六四這個結能解開嗎？三十年來，這段歷史一直被迴避，甚或改寫。解結，一直遙遙無期。前新華社資深記者楊繼繩的證言，令歷史能以一個記者的視點被還原。在那段不尋常的日子，他由四月中開始在筆記簿上記事，寫滿了又換一本，直至六四那天。他把一疊疊的筆記本好好收藏，地點不為人所知。拍攝那天，他手拿著其中一本密密麻麻寫滿了字的簿仔，朗讀起那夜在天安門廣場聽到子彈劃空而過的聲音。「呼呼」，他在鏡頭前比劃著。那些筆記本是留在民間的歷史原材料，可惜在政治高壓的氛圍下，根本沒有空間做進一步研究，紀錄片團隊亦沒辦法發展當中的故事。時至今天，已幾近不可能。

歷史現場

經歷其事的人，腦海對事件的記憶仍然鮮活，重臨歷史場域有助喚起受訪者的個人記憶。可是，愈靠近敏感日子，到歷史場域拍攝的風險愈大。採訪當年的學運領袖、今日的維權律師浦志強的時候，我們要求他開著房車在天安門廣場旁的馬路繞圈。車一直在動，車內的訪問拍攝沒有一刻停下來。直至，他突然問我：「想到天安門廣場內做訪問嗎？」我既驚且喜。

拍攝隊在天安門西南角下車，相約浦志強在人民英雄紀念碑前再會合。攝影師拿著手掌般大小的錄影機，一看見他步向我們就開機拍攝。可是，我和攝影師的身位太像採訪！為免引起注意，我接手拍攝，感覺上多一點遊客況味。此時，老浦輕輕敲一敲機頭的收音咪（麥克風），問聲音能收錄好？我輕微點頭。他旋即開始訴說那年六四清晨，軍隊從西南角進場的故事……耳邊聽到無線電通話器在身旁時近時遠地怪叫著。是便衣公安吧，我無暇理會。有那麼一刻，時空像連結了那天的清晨，一切肅殺。

也是在車上的訪問，開車的是時任北京電影學院教授郝建，他正在往萬安公墓的路上，後座放著一紮被風吹動著的花。他約了好幾位受害人家屬，拜祭六四死去的親人。他說，六四後他從未踏足天安門。在親人的墳墓旁，安裝了數量多到不成比例的閉路電視。六四在整個社會層面乾乾淨淨，像是一件不曾發生過的事，然而他們對所有場景仍歷歷在目。個人記憶被挑戰，甚至被取代，眼前一片荒誕。

在這個紀錄片系列中，整個歷史事件的呈現是由個人敘事建構，是一種具有細節、有溫度、以個人故事拼貼而成的歷史書。那種真實（authenticity），政權的主旋律歷史論述，根本無法提供。

歷史瞬間

三年後再製作另一系列《百年一願》。那是一百年前的事，年代久遠，已沒可能有個人的親身敘事。關於那場古老中國由封建帝制跳入民主共和的辛亥革命，製作團隊只能從文獻、照片、以至歷史學者的研究去走近那個封塵的歷史場景，尋找當下意義：改革還是革命？走了一百年，這個古老國度仍在那惡性循環裡嗎？我們真的跳進了民主共和？

我一直在意，一九一一年的革命前夕，社會處於一個怎樣的狀態？人的面貌又是怎樣的？革命的來臨，可會是在一個平常不過的下午，在毫無預警、沒有先兆下爆發？然後，圍觀的民眾知不知道他們正處於歷史的關口？一刻間跌進了下一個時代，而罔知所措？

中國近代史學者們用了一生的精力去研究，想到我要為這場重要的革命製作紀錄片系列，心很虛怯。培養多年的新聞直覺告訴自己，這次紀錄片的焦點仍是當下時事。一百年前的歷史轉捩點，對當下時局極具喻意。最後敲定，以一九一一年前後十年作為紀錄片系列的範圍，起題：《百年一願》。

影像與歷史

製作過程中，我很僥幸能找到梅屋藏吉送給孫文的影片。原片長度約莫七分鐘，是一個結集。當時，梅屋派遣了攝影隊親赴武昌記錄當時市面的狀況：民眾和士兵腦後仍留長辮，影片裡的人總像在等待什麼似的。

著名新聞攝影師劉香成，六四時曾在北京採訪。這次他放下相機，為這場發生在一百年前的辛亥革命策劃一個歷史照片展覽。他找來很多珍貴的黑白照片，每張照片背後都有一段歷史背景和故事。當中一張放在香港大學展館中庭的位置，特別吸引注意。相片是街頭人群定鏡，人們都不知原因地向著鏡頭探頭遠望，像是凝視前方有什麼事正在發生，時為一九一一年十月中。我在處理這些照片時刻意不加任何效果，直面布列松（Henri Bresson）所說的決定性的瞬間（decisive moment）。一個長鏡頭，讓觀眾凝視過去。

百年過去，歷史場景滄海桑田。廣州的黃花崗七十二烈士墓，原本只是一抔黃土。民國時建成公園，建碑立像，後來又歷盡時代洗禮。仔細觀察，你會看到歷史的痕跡，例如：文化大革命時被挫走的碑文。另一極具歷史意義的場景，是京張鐵路八達嶺段的「人」字型攀斜鐵路。當年是由詹天佑負責，他是清朝時期留美幼童之一，學成回來當工程師。整段工程異常艱巨，當時清廷拒絕了美俄的協助，獨力自己興建。攝製團隊特意去了張家口站，拍攝頭尾火車頭轉換推行的場景。這段成了節目系列的片首（teaser），預示古老中國走進現代的迂迴歷程。

北京電影學院教授崔衛平說，帶著問題去拍紀錄片，或許你會走近真實，但帶著信息去拍只會愈來愈遠離真實，甚至變成宣傳（propaganda）。整個系列其實都在解答一個問題，那是北京大學法學院教授張千帆的提問：「改革不成功，迎來革命。革命推倒重來後，建立的又不成，又迎來革命。百年過去我們仍在這個循環中嗎？能走出去嗎？」紀錄片書寫歷史，其實想說的都是當下。

重演歷史

「對你來說，香港是什麼？」，這是紀錄片《憂鬱之島》的命題，以重演（reenactment）作為影片的主要敘事方式，透過經歷六七暴動、八九六四、二〇一四占中以及二〇一九反修例運動的人物，去尋找他們的答案。

對於紀錄片，「重演」不是新事物。一九八八年莫里斯（Errol Morris）在《*The Thin Blue Line*》（中譯：正義難伸）已淋漓盡致地運用過。影片層層拆解，殺警死因是否無辜和誤判。當我們就某些關要事件沒法取得影片時，重演是一種解決方案，補遺說故事的需要，讓觀者能代入其中，例如一些年代久遠的歷史場景，又或者像《*The Thin Blue Line*》裡的案發現場。這種手法具爭議，是因為在紀錄片的敘事上會容易混淆真實與虛構——如何運用而不損可信性（credibility）？

在電視平臺上，我們會選擇用明顯的處理方法，在重演片段上加上「模擬片段」的字句，以示識別。這在電視上似乎是合理的選擇，因為電視機旁的觀眾容易分神，忽略了那條界線。但是，換轉到漆黑的電影院，處理手法可以變得多元，觀眾在戲院裡經歷真實與虛構的互動，這是一個完整的過程。由觀眾去判斷所接收的信息，當中的核心是我們是否相信，觀眾在觀映中有思考？

紀錄長片《*The Act of Killing*》（中譯：殺人一舉）對重演的運用令人震撼，它拓闊了我對重演手法（reenactment）的想像。影片的時代背景，是關於印尼一九六五年的那場政治風暴。政客以反共和保護國家之名發動流氓殺人，清除異己。至今，他們沒有人因而受法律制裁，甚至仍掌握權力，似乎一切暴力都是國家機器所認同的行為。

影片監製正是富重演經驗的莫里斯，導演奧本海默（Jushua Oppenheimer）重訪當時的殺人魔頭，他們今天要不一頭白髮，要不體形暴漲。或者他們真的沒半點罪咎感，竟提議把事蹟拍成電影！奧本海默假戲真做，同時亦如實紀錄荒誕的拍戲現場。在虛擬與真實之間徘徊，鏡頭下亦真亦假、有實有虛。影片最後竟然穿透那個已經「做人阿爺」的頭目，窺見那暗黑的內心世界。「重演」，原來可以對真實挖得這麼深。

有電影評論批評，影片欠缺為這血腥事件的來龍去脈，給一個交代 。我同意，但我認為導演透過這影片要問的是一個更深層次的問題：「人性本善？」影片結尾的場面是在那曾殺人無數的天臺上，殺人魔頭忍不住嘔吐大作，但什麼也吐不出來！這情景令人極度不安：「那是他的良心在折磨他嗎？他還有嗎？」步出電影院，這問題一直縈繞。

回到《憂鬱之島》，全片長九十多分鐘，導演選擇不把每件歷史事件的前因後果包羅萬有，這些事件只是影片的語境（context），人在時代裡的狀態才是製作人所關心的重點。貫串全片的是一位不管風雨、每朝清晨在海旁游泳的伯伯。當年他逃避文革，「游水落香港」（偷渡）。他話不多，在大型遊行中，會見到他默默無言的身影。在導演安排下，他參與重演文革批鬥大會，同場還有一個飾演自己的年輕人。在正式拍攝時，他簡單直接地說這演繹不真實！他曾歷其境，參與的人沒有那麼激昂。陳梓桓選擇真誠面對自己的作品，把這句說話也剪進片中，是要提醒觀眾虛擬片段與真實的距離。

另一位人物是二〇一四年參與占中而被告上法庭並判刑的鍾耀華。他在一個模擬法庭，重演他為自己陳詞的片段。香港法庭是不准錄音錄影，重演變得必然。他情緒被牽動，一字一句地唸，忍不住流下眼淚。場面是虛擬，但眼淚是真實的。

重演有時會擺明車馬[1]操弄真實人物，以更戲劇的手法，探究真假。那場引起爭議的監獄對話，是假亦真時真亦假。一方是二〇一九年因為反修例運動而坐監的年輕抗爭者，另一方是參與過六七暴動、當年也是年輕監犯的楊宇杰（別名：石中英）。這是一個明顯的虛擬場景，讓觀眾屏息的是，他們清楚知道雙方的真正身分。在這場景下，他們會怎樣互動？這樣的刻意安排，我的理解是因為他們同樣坐過監，還有就是他們政治取向上的南轅北轍。石中英是一個很會掩飾自己的人，狡猾而老練。認識他多年的長毛梁國雄在之前一個片段，輕輕地一語道破：「他不敢喝酒，喝了怕說出真話。」這樣的對話令人會心微笑。當穿上囚衣的石中英發現眼前這位也是身穿囚衣的少年的真正身分，他馬上堆出一臉關心，又洋洋灑灑地說了一大堆連自己也騙上的話。他可能把自己的個人記憶也改寫了，但那個年輕人會被他騙到嗎？影片沒有提供答案。

歷史與未來

「誰掌握歷史，誰就能操控未來。」歐威爾（George Orwell）如是說。

在「美麗新香港」，我們天天活在被「說好故事」的危機當中。紀錄片人常處於下風，陸續有不同的紀實電影以至劇情片，因未能通過電影檢查制度而未能公開上映，只能在樓上私室作閉門觀賞，或者海外巡演，這是前所未有的。慶幸有不少製作和放映仍然在進行中，為時代留下注腳。

重點是，誰在說，我們的香港故事。

---

1 廣東俗語，意指公開自己的意圖，無所隱瞞。

《憂鬱之島》的創作歷程

⊙陳梓桓

創作之時

踏入二〇二二年，《憂鬱之島》定剪。經歷了五年時間的投入，我用攝影機，在這城的這個時代，貪婪地取得無數的素材，又忍痛地割捨、拋棄無數素材。那些素材，似是我能掌握的——卻在現實世界，或消散、或已被囚禁。香港發生的事太多，一部電影所能包含的太少。

「就這樣吧。」定剪的那一刻我對自己說，這五年的歷險終於結束了吧。

電影出生的時代，就注定了他流亡的命運。我想與他分別，好讓他走自己的路，其實是我不打算跟隨著他離散，也沒有要緊抱著跟他同歸於盡的意思，但我們還是一起走到世界不同角落，在漆黑的電影院裡，我們遇到不同的觀眾，當光影投到銀幕，再散落到觀眾的眼睛，這部電影似乎終於真正地完成了。

因著香港、歷史、紀錄片、重演手法以及無數影片內外的個人經歷與創傷，《憂鬱之島》在有限的放映裡，收集了很多愛與恨，又在一段很短的時間，這部大多數香港人都沒有機會看到的電影，在網絡被討論得沸沸騰騰。這些討論就這樣奇怪地進行著，直到沒有人（包括我）承接下去。

作為創作者的我，我既希望他被討論，但又害怕被討論，我想回應，但又不想回應，一直在自相矛盾。這兩年來，在這種矛盾與自我懷疑下，《憂鬱之島》已先後在加拿大、美國、日本、英國、臺灣上映過，雖然接觸的觀眾還是有限，亦因為他不能接觸到他最應該接觸的香港本地觀眾，而缺少了很重要的部分。

把《憂鬱之島》的創作旅程整理及記錄下來，既希望能彌補影片無法接觸香港本地觀眾的遺憾，亦希望能在這個困難時期，跟所有沒有停止過思考香港的人，分享作為創作者在這幾年間的心路歷程。從這幾年間遇過的人和事裡，雖然每個個體所經歷的看似微不足道，但同時卻又無比巨大，能在這個劇變下的香港，好好地書寫，記錄自己的情感與困頓，找人圍爐也好，自我舒解也好，我相信總有其意義。

構想的起點

《憂鬱之島》的構想在二〇一七年末開始，那時正值二〇一四年雨傘運動後的低潮時期，我的占領運動長片《亂世備忘》的影展旅程，以及在香港零星的獨立放映，已近兩年，接近尾聲。從山形國際紀錄片影節得獎，總算為這趟旅程畫上一個句號，但同時為我帶來空虛和焦慮。

那一年的香港再沒有占領區，街頭運動也沒有太多群眾參與，我也預料不到一年多後會爆發反送中運動。現在回想起來，那時的我和這一刻的我同樣地在思考，如何在一場抗爭失敗後，一個憂鬱消沉的城市裡，找到作為創作者的自身位置。今日的香港雖然更為沉重，但或許有了之前的經驗，加上自己也在歲月中成長了，懂得如何在低壓下保持自己的節奏，也主動或被動地排除了很多旁騖，集中當下，雖然黑暗，反而更感明確。

我找到《憂鬱之島》起始時的計畫書與筆記，那仿佛是很遙遠的五年前，既是結束，卻又是起點的那段迷惘的時光。

近年，香港社會急速變化，面對無法改變的環境，我選擇了深挖與爬梳香港歷史，通過三位人物來映照香港的不可磨滅的歷史記憶，往前追溯，從而看清香港未來的路途，也回應前作中年輕人的提問。事實上，香港的歷史從來就揉合了各種國族認同或政治理念的人，交織成豐富的故事，也展示了香港的多元價值。

主權移交後的香港，在主旋律的意識形態下漸變單一。因此，我希望通過三位人物沉厚的生命故事與變化，探索香港一路走來的斑駁痕跡，也揭示造就香港當前模樣的多元與自由，並承載中國與香港之間愛恨交纏的關係。雨傘運動結束後，香港陷入一片憂鬱的情緒之中，年輕人與上一輩的對話也彷彿截斷了。若需瞭解香港的複雜面貌，必須面對過去，方能與當下對話及連結。因此這部電影命名為《憂鬱之島》，既闡述了香港當前的困局，也嘗試通過片中的三位人物來抒解憂鬱，解開歷史的死結，尋找出路。《憂鬱之島》也是關於舊日的難民與異見者，變得如今截然不同的故事。電影將以非線性的形式展現他們當下的生活與回憶的重演，並激盪出這三段代表不同政治光譜的記憶，引領觀眾重新切入過去與今日的香港處境，與世界不同的觀眾連結。這並非局限於香港的故事，更是所有地方面對歷史傷痕及處於無法抵抗的變化巨浪的共同謳歌。

——《憂鬱之島》的初代企畫：創作主題

我的前作《亂世備忘》中，我用攝影機跟拍幾位年輕的抗爭者，他們在占領區的經歷，那年的我們，不是在大學讀書，就是剛畢業出來社會工作。記得我們在馬路中間圍著聊天，（《亂世備忘》的片末）我問吉利蛋（其中一位受訪者）：「你覺得二十年後你會變成怎樣？」

在後占領的時代，這問題一直在縈繞著我，未來的我們，會變成怎樣？自己於雨傘運動時的信念，未知能否／或以任何方式延續，讓我感到焦慮與懷疑，這也變成我創作《憂鬱之島》的原因——透過拍攝幾位經歷過重大歷史事件的香港人，去看他們這數十年後的改變，那段記憶，如何影響著今日的他們？他們數十年前所相信的，今日是否依然相信著。而從他們身上，我們能否看到未來的我們，或者我們不想成為的我們。

二〇一六、二〇一七年是香港的本土思潮非常熾熱的年分，《亂世備忘》世界首映後兩天，是魚蛋革命，[1]然後是新界西立法會補選，本土派的力量衝擊立法會選舉和街頭，也衝擊著每個香港人對抗爭模式所能接受的底線和參與程度，以至我們自己的身分、認同與歷史的固有想像。我的大學本科時期是在二〇〇七到二〇一〇年，正正是片中四川地震發生的年分。那幾年香港的大學生重新走進維多利亞公園，參與紀念八九六四的燭光晚會。那數年，對於我在大學時期那種理所當然的中國連繫，也深深地被衝擊。

而《憂鬱之島》的幾件歷史事件，由愛國左派發動的六七暴動、文革時期的知青逃港潮、八九香港人支援中國民主運動的歷史，都是一些重要的時間點，構成我所認知的香港身分與位置，如果我拍攝這些不同年代，迥然不同的人所相信的、所認知的香港，再透過剪接或重演，這些影像獨有的方式，與今日的我們／香港，並置或穿梭於電影之中，是否可以碰撞出火花，並能讓「香港」——《憂鬱之島》的真正主角，用這種歷史堆疊及時空跳躍的方式呈現？

二〇一七年的我以「後雨傘電影」去定位《憂鬱之島》，因著個人對未來的未知，以及對香港的疑問，我開始邊拍攝邊嘗試解答這些問題。那時還沒有想過，香港會迎來這幾年的巨變。

拍攝人物的挑選

我失去信念了嗎？

雨傘運動結束後，香港陷入一片創傷的情緒，整座城市，頓成憂鬱之島。

這城市的未來會怎樣？我們又會變成怎樣的人？

沒有答案。

於是我開始《憂鬱之島》這個計畫。

「你怎樣看三十年、四十年前的自己？你變了？還是你依然相信？」

數十年前所經歷過重大的歷史事件，化成他們難以磨滅的記憶，而我剛才提到的問題，過去數十年也在同樣在他們心內纏繞著，揮之不去。走近這幾個人，彷佛讓我看到三四十年後的我們。

——《憂鬱之島》的初代企畫：導演的話

片中幾位上一代的被拍攝者，都是給歷史的某段經歷烙印過的，因著不同的原因，他們重覆地述說著自己的故事，跟他們同代的人，很多都選擇不再提起。在他們身上，我看到一種「執著」，那些執著（或者是堅持？）可能是來自責任、罪疚、傷痛、開脫，或者懷念、提醒，或是不甘、被出賣、被背棄感，或者是疑惑。

在六四燭光晚會還是每年舉行的那段時間，我常常因著拍攝而在現場，有一年是拍我的劇情短片《作為雨水：表象及意志》，那是一個有關人造雨的陰謀論故事，我們一直在集會現場等待下雨；另一年我跟一個紀錄片前輩拍攝一名畫家的紀錄片，我都以一種創作的心態保持著安全距離。終於有一年，我沒有攝影機在手，走進滿布燭光的維多利亞公園，我離大台很遠，臺上有在現場見證過天安門事件的人在分享，那是一把抖震的聲音，在二十八年前的那個晚上，他抬著一個被槍傷的工人，而那工人在他手上死去，他在廣場留到最後一刻，被廣場的學生市民保護離開，要他向世界講出真相。

作為八九見證人，這樣的故事應該已經講述了不下百次，而在臺上的他，依然激動，我能想像這種痛苦的回憶，卻又必須重覆述說的那種輪迴，我深刻地記住那把抖震的聲音。後來於網上搜尋，那人叫林耀強，是一位事務律師（solicitor）。我和製片便打電話，跟他的祕書預約了見面的時間，摸上去他律師樓。

律師樓位於油麻地，一個比較市井的地區（他常形容自己為街坊律師），我們被安排坐在沙發上等候，預約的時間一到，便進去見他，時間很準確。辦公室是一副冷色調，感覺由藍色的文件夾和白色的A4紙併成，他自己的房間則多了一些色彩，有紅酒櫃、牆上有一個裱鑲起的錘子，他說是他父親工作（養大他）的工具、桌上有大堆文件、幾瓶用完的墨水和幾張年輕時的街頭抗爭相片。初次見面，雖然一身西裝畢挺，說話有點急促，但是感覺輕鬆風趣，不會很有距離。

可能不是五、六月，那慣常被邀約訪問的日子，我們在這個「淡季」找他，對他來說會有點不一樣，較為輕鬆，沒有排滿一天訪問。我已忘記我們談了什麼，我努力解釋這紀錄片的構想，怎樣與其他訪問不一樣，可能會跟拍一段比較長的時間，拍攝他的生活，影片如何和香港其他的兩個時代同時出現，而重演又會如何進行，那一刻其實我還不清楚影片最終會變成怎樣，但他就輕鬆地答應了。

二〇一四年年初，剛畢業的我，跟著香港一個劇團和演員去訪問不同六七暴動的經歷者，有一天我們去了灣仔修頓球場附近的一所舊式商業大樓，記得那辦公室內有很多CRT（映像管）的電視屏幕，我們被帶去了一個小會議室，然後那次我第一次認識石中英（即片中的楊宇杰）。會議室有一塊白板，他在白板上寫著香港開埠以來的所有歷史事件，由一八四二年的鴉片戰爭寫起，寫滿了整個白板，然後他開始講述自己，五十年前怎樣由一個會考的中學生，參與印製傳單，最後被捕審訊的經歷，他時而談到感化院以及監獄，時而跳回白板上的時間點，談民族、國家、身分等，他說他想讓人看到林斌[2]被燒死和北角兩姊弟被炸死以外的六七。那是我第一次聽到他的故事，包括「暴動下的棄兒」的說法，後來因為跟拍他，在很多不同場合，也聽他一字不漏地重述這段經歷細節。

他是有點囉嗦的人，一談就會談上大半天，話題很容易飄到四萬八千里以外，像一些遊談無根的中學教師（後來知道他曾任教中學）。看他個人經歷的故事敘述，白板上寫滿的字，我能感受到一種執著，對個人入獄經歷的疑問，或者是面對他所相信的（或其實不再相信？）國家，不能宣之於口的憤恨。而無論他對那段經歷是「悔恨」，還是如他所說的「放下」，那段歷史對他的烙印之深和生命的影響，讓我印象深刻。六七暴動已是接近五十年前的事，如今他是一個富有的退休商人，一個白髮蒼蒼的老人，為什麼不好好享受生活，反而又投入到過去的痛苦記憶當中呢？

經歷了雨傘運動後，在二〇一八年我正式開展《憂鬱之島》這個計畫，重新聯絡上他，記得他有一些員工專責傳媒和文化方面的工作，我先向他們交代我這計畫的構想，然後再由這些員工向他報告。我想拍攝五十年前的經歷與記憶，如何影響今日的他，我沒有特別強調我拍過雨傘運動，但我想他早已摸清我的底細，所以當他接受我的拍攝，他應該已經過深思熟慮，還有接受了一些不確定的因素。後來我完全忘記他是怎樣答應了，我第一次拿著攝影機拍攝，就在他的大宅裡，他準備接待來自四川的中學生，這也是我第一次去他豪華的家。天臺望出去是一片廣闊的大海，樓梯下、書房前牆上，滿是他六七經歷的剪報，這讓我有點震撼。那一天，他再次談起他的六七，他出獄後對監獄的一種「迷戀」（他喜歡參觀世界各地的監獄），還有赤柱監獄的海聲——而今日，他在一個無敵海景的家裡，聽著海浪聲。那一刻，我更想瞭解這個複雜的人物，怎樣看他五十年前所相信的「國家」？

游水伯伯陳克治，是我最後才確定拍攝的一位。有一段時間，我嘗試接觸觀塘茶餐廳的一位老闆，他是在文革時期偷渡來港，茶餐廳位於即將重建的觀塘舊區，那時我想，或許從社區的演變能發掘出有趣的故事，但去了兩三次，卻沒能成功接觸，失敗而回。然後我想起早一陣子，去了看紀錄劇場《過河卒》，內容是有關數十年來中國偷渡逃港的題材，我便搭路找到該劇場的導演陳敏斌（於

《憂鬱之島》中演文革領導的那一位），他介紹我去黃埔海邊，說那裡有很多游泳逃港而來的人，每日早上都會在維多利亞港暢泳。

有天早上七時多，我們便去了黃埔的海邊，果然游泳的人不少，很多都是數十年前偷渡來香港的人。在廣闊的維港的背景，天剛發白，慢慢照出海上片片粼光，他們就在閃閃的海中暢泳，自由寫意；我忽然想起那片漆黑大海，他們偷渡的過去，在五十年前，游泳是一場生命的賭博，每一下划水，都是渴求著生存，如果停下來，就會消失於這片黑色的海。這些逃離文革中國的人，為著自由，投奔怒海，如今他們都已白髮蒼蒼，而那些沒能遊到彼岸的，葬身大海的人，則永遠年輕。

對於特意來認識他們的這個年輕人，這些老人們都表現得非常熱情，無所不談。結束後我跟著大伙兒去附近的茶樓吃點心，然後陳克治便出現了。那段時間他趕著裝修房子，數天沒來游泳，只是來「飲茶」。他雖然話不多，卻有一種歷練滄桑的味道，白頭髮和鬍鬚，特別上鏡。飯後我硬著頭皮跟著老陳去他裝修的房子，為了節省裝修費和人工，他都是自己去買材料，親身上場，記得老陳的太太阿潔也在場，她談起老陳安裝冷氣時，都不顧安全，幾十歲人在窗邊「爬出爬入」，後來我才知道老陳從前的工作是做升降機安裝，以大膽見稱，兒子與我同年，快將結婚。

那天我找不到合適的時間談及我的紀錄片拍攝，也沒能與他攀談太多，但總算是成功留了聯絡方法。一星期後，我再到那裝修的房子裡找他夫婦，我忙著向老陳和阿潔解釋這計畫的想法，他們雖然疑惑，但是還是答應讓我去跟拍。

後來我多番嘗試去整理這部電影的構想，那年我們也參與了一些紀錄片的提案會與創投計畫，經歷數次失敗後，我知道要清楚講述這部電影，真的非常不容易。為了讓這些複雜的人物和歷史，能夠用簡約的方式讓受眾理解，我便抽取他們標誌性的價值與經歷去述說。

他相信「國家」，一九六七年，
他支援香港的愛國左派暴動，
被控藏有煽動性標語，

以十七歲之齡成為殖民地下的階下囚；

他相信「自由」，一九七三年，
他是文革時期的知青，為逃避上山下鄉，
追尋自由的國度，逃離共產中國，
偷渡來港，並在洶湧大海裡僥倖生還；

他相信「民主」，一九八九年，
他代表香港大學生前往北京支援民主運動，
親歷天安門屠城槍火，被當地學生護送離開。

透過幾個在時代洪流下，曲折命運的個體，
折射出香港各時代的潮起潮落，
香港與中國數十年來的愛恨交纏，擁抱與逃離，承諾與背叛。

今日
趁著改革開放，
他引入法國電視顯像管生產線，
建設國家，同時讓他賺上第一桶金，
繼續他獨特的中國夢；

在香港營役多年的他，面對病痛衰老，
身體不再自由，但仍每年參加海祭，
追思當日逃離不了中國夢魘，
在怒海中失去的年輕生命；

八九後信念破滅，意志消沉，
他慢慢走出逃兵的陰霾，成為維權律師，
為香港艱辛的民主路盡一分力。

這部電影是關於記憶和信念，歲月流逝，
當我們不再年輕，我們有否忘記當初的自己，
是否仍然相信當日所相信？
歷史的輕紗朦朧，
面對過往的記憶，真假，對錯，得失，
成敗，又如何繼續影響著今日的他們？

——《憂鬱之島》的初代企畫：故事大綱

我知道要讓複雜的人物與歷史背景，以及這幾代人的矛盾，放進一部短短的電影之中，將會是極大的考驗，但卻沒有想過，在正式拍攝的第二年，這部以「後雨傘」定位的電影，直接迎上了反送中運動，改變了我對這部電影的原有想像。究竟我在反送中前的構想是否依然可行？我能否回應當時香港社會急劇的改變？究竟創作是否真的能追上並回應時代呢？後來我慢慢瞭解到，任何希望能回應時代的創作，必然會有追趕時間，並因著變遷而調整的過程，這不只是《憂鬱

之島》的經驗，也是我之後的創作，以至所有直面時代的創作者所需要面對的。

拍攝過程：在反送中之前

因為被拍攝者都身經百戰，接受過無數訪問，談論自身經歷敘述故事已習以為常，我更希望從他們的日常生活，發掘過去的經歷對他們的影響，也避免落入他們各自太過熟練的論述，所以我甚少訪問幾位被拍攝者，而是用觀察的角度，從他們的生活中，尋找可能跟記憶與傷痕有關的事。在反送中前的一年多，我跟拍了這幾位主角很多生活、工作的狀況。

「以日子換取多變的畫面素材」是我的拍攝策略，收集好不同日子的畫面，再剪接濃縮成一場，透過不同的機位，讓人感覺更像一部安排好的劇情片。我們先在小強的律師樓待了幾天，又一起前往屯門的議員辦事處，拍攝他為街坊提供法律支援，單是那個場景，我們便拍了三天，然後又在他辦公室前前後後待了

四、五天，連對面大樓拍過去的鏡位都找到了。而拍得最多的，當然是陳克治游泳的黃埔海旁，拍了約十天，不同的天氣狀況、烈日暴曬、烏雲密布、狂風暴雨的日子也都拍過了，也有自己穿上了救生衣，跳進水中，拿著潛水的攝影機和浮板，邊游邊拍。

在他們生活的空間，長時間拍攝的過程，你慢慢發掘到更多，也思考更多。例如陳克治近乎風雨不改的晨泳，不只是強身健體的運動，更像是一個自由信奉者的儀式，這讓我更想把這個儀式重複地放置於影片當中。長時間跟拍石中英與不同的人見面，在不同的場合出現，也慢慢發掘出他愈來愈多「愛國」的模糊與矛盾，再呈現電影之中讓觀眾閱讀及發掘。

根據陳克治憶述，自己是於一九七三年的颱風黛蒂襲港，九號風球懸掛時游到香港，清晨游抵吉奧島時，才被當地島民告知颱風的消息。後來我在搜尋陳克治的報導，發現他在《蘋果動新聞》出現過，該報導是八號風球，有人在黃埔海邊游水，途人看到，覺得太危險便報警，一個伯伯被勸上水，那人正是陳克治。這篇報導刊出後，當然是一面倒地在罵這個在颱風天還游水的阿伯，「自己死好喇！唔好害到人！（你自己尋死就好，不要去連累別人）」但我卻覺得，這除了是對自己身體的信心，更讓人連繫到四十多年前的那一場颱風，和那一場追求自由的亡命之旅。

二〇一八年末，颱風山竹襲港，清晨，我看著窗外的狂風暴雨，想起《蘋果動新聞》裡面的老陳，我沒有發短訊問他會不會如常游泳，怕他覺得我要拍攝，為面子特意出現，但我又期待他真的可能出現。我隨手帶了便利雨衣，幾個用來包著攝影機的垃圾膠袋，便開車到黃埔海旁，當時我坐在車內，雨像瀑布一樣衝著車窗，我在車中躲藏到七時四十五分，我深呼吸一口氣，打開車門，拿著攝影機，冒著狂風撲面，面容扭曲地掙扎到海邊，躲在一個根本不能避雨的避雨亭下，抵達那刻我已全身溼透，連攝影機鏡頭都在滴水。

在避雨亭的時間過得特別慢，好不容易捱到早上八點，平常老陳會來游泳的時間，我四處張望，只有飛來的樹枝和捲起的垃圾，「鬼影都冇隻」，當時已心生退意，九號颱風，誰會走去游水！我不甘心兩手空空已回，便隨意拍了一些狂風下海邊的素材，都是一些連攝影機也拿不穩的鏡頭。準備離開之際，陳克治出現了，「你喺度嘅？（怎麼你在這裡？）」他說。

一輪熱身以後，他脫去外衣，我固然期望能拍到他在颱風下游泳，但還是巡例地問他：「會不會有點危險？」他說：「沒事，就游一下。」然後我加緊穩住鏡頭，他氹（dàn）一聲便跳進了洶湧大海，隱沒在暴雨當中，然後又從浪中探出頭來，來來回回，吃力地游。同樣是九號風球下的大海，不同的是，二十六歲的陳克治已隨歲月變成了七十多歲的老陳，那一刻我想，如果出了什麼意外，我應該怎樣做，應該報警還是拿著救生圈跳進海裡？

想著想著，忽然遠處的海邊走來了一男一女，狀甚焦急，似在尋找什麼。「阿爸！」他們喊著，「你係咪癡左線呀（你瘋了嗎？）？九號風球呀！仲（還）游水！」他們憤怒地呼叫遠方的老陳，遙遠的老陳是一個白色小點，那小點好像聽到聲音，忽然停住了，剛好白頭浪又撲向他的白色頭髮。那對男女淩厲地瞧了我一眼，然後又對著海呼叫「仲游！上水啦！」我有點害怕他們誤會是我要他爸跳下水中，手中攝影機便更加震抖，當然我也有點虛怯，因為我沒有阻止他在颱風下游水。

老陳慢慢游回岸邊，還在水中跟女兒說：「無事喎，游兩下。」他話未完，岸邊的二人便怒吼：「你係咪癡線呀！」我明白作為女兒，看到自己「任性」的父親的憤怒，老陳上水後還被罵了好一陣子，被捉著回家了。

這部分如果拿走了老陳的經歷，拿走大海所代表的自由，觀眾會覺得老陳根本不應在颱風下，冒生命危險游泳，但我把這裡的場景放在今日的時代，在阿朗、石中英獄中對話後，占中九子案鍾耀華陳詞之前，老陳從不間斷在維多利亞港游泳，無論是風和日麗的日子，還是狂風暴雨的時日，我們看的就不只是一個不顧危險的老人，更是一種風雨不改的堅持。

雨傘運動後，這些暴風雨的日子不曾停歇，那幾年我們拍的不少場景、組織已經消失。我們跟著小強拍攝了三年的六四燭光晚會，這個一直以來被視為標示香港言論自由的活動，在正式舉辦三十年後，再不被容許，主辦者亦成階下囚。學聯的六十週年聚會中出現的很多不同面孔，不少也不會再出現在今日的香港，或者已身陷囹圄。還有那些遊行、那些黃店、那些社區組織，很多都不復存在了。我預視不了香港的變遷，但剪接的時候，我回看那些消失的人和事，把這些收集起來的影像放於影片當中，有多一重時代的意義在裡面。

時間賦予那些影像多一重的意義，就像那些三十年前在天安門廣場的畫面。我一直聽小強說自己曾出現在一部叫《天安門》的紀錄片中，我在網上尋找，果然看到他的一個畫面。當時解放軍正在清場，在最後的時刻，小強和其他學生工人留守在人民英雄紀念碑下，同畫面還有北京的學生代表程真。二〇一九年的六四晚會前一段時間，一段由加拿大人 Arthur Kent 上載的《*Tiananmen Square Massacre: Black Night In June* (2019)》（天安門廣場屠殺：六月黑夜）流傳甚廣，他是一位八九年身在天安門的攝影記者，他把自己手中的 Beta 影帶 4 K 數碼化，再做了剪輯和今日回憶的拍攝，再上載到 Youtube，我在《天安門》裡看到的那個鏡頭，原來是出自這位加拿大攝影師之手。我透過電郵找到他，告訴他我正在拍攝三十年前他捕捉到的這個年輕面孔，他說他會來香港。後來在反送中運動期間，他真的來到了香港，我們拍了他和小強見面（見面時有不知道該說什麼的冷場），以及拿著攝影機拍攝遊行的現場，又與正在擺街站（臨時攤位）的，曾見證過八九天安門的人，例如李卓人，[3] 打招呼聊天。在三十年前的北京，那時他三十多歲，跟現在的我差不多年紀，今天已是耆艾之年，拿的不再是那些要架在肩膀上的Betacam，而是人人手中有一部的輕便攝影機，他鏡頭下八九年天安門的子彈，亦穿越了三十年的歲月，來到今天，變成在香港煙霧彌漫的街頭下橫飛的催淚彈。

反送中時期的拍攝

二〇一九年初，我慢慢感受到香港正醞釀一場大規模的抗爭，很多相關或無關的拍攝，包括反修例年初的數場遊行，有關雨傘運動占中九子案的審判、六四天安門事件三十週年的一大串紀念活動，甚至那些把五四運動百年作為「愛國」教育的官方活動，通通在那短短數月發生，拍攝時的感覺就好像幾個世代、不同的反抗者在對話，那種堆積起來的反抗精神一時間串連起來，慢慢推到爆發點。

二〇一九年六月十二日，下午三時，催淚彈爆開的一刻，這陌生又熟識的白色刺鼻氣體，於雨傘運動五年後，再次散布於香港的空氣當中。往後的數個月，香港城市的不同角落也能嗅到這強烈的氣味，雨傘運動後失去聲音的香港人，以最絕望的方式反抗。反送中抗爭爆發，作為紀錄片導演的我，便拋下了一切，走上街頭拍攝。

街頭運動爆發一開始，我站在人頭湧湧的街頭，依然有點不太習慣。跟我拍攝《亂世備忘》時完全不同，抗爭者沒有死守一個占領區，基本上也沒有太多現場交流和靜止下來的時間，一看見勢色不對，大家便如水般散去，看見平靜下來，又再次聚合向前。街頭抗爭由從前只會在港島區遊行示威，在二〇一九年發展到九龍新界各區，甚至多區同時進行，作為拍攝者的我完全跟不上，除了拍攝前線的衝突，我完全找不到任何拍攝的重點，也不知道自己在拍什麼，似在隨水飄流，非常困惑。

二〇一四年的時候，我長時間停留在占領區，跟拍著幾個年輕的抗爭者，當時提倡的公民抗命，大部分人都願意出鏡，身體力行，用不同媒介去讓政治冷感的群眾也被感化，參與其中。在那七十多天占領，我跟拍幾個年輕的抗爭者，與他們一同經歷整場運動。相反，二〇一九年則是一場沒有面孔（faceless）的抗爭，在現場基本上很難找到願意被拍攝的人，更重要是現場發生的衝突，讓我對自己的攝影機所記錄的會帶來的後果是好是壞，深感懷疑。二〇一四年的我，覺得攝影機能夠參與，並或多或少能推動社會運動，二〇一九年的攝影機於我，在洶湧的街頭上，是最沒有用的物件。

反而身邊的獨立記者，他們手中拿著電話，報導現場發生的事，直播於社交媒體，連結網上成千上萬的人，讓我感到他們手中強大的力量；而我手中的攝影機，除了不知道在拍攝什麼外，又難以走近抗爭者，所拍攝的素材，可能在幾年後才能面向大眾，這讓我更不理解自己在現場的位置，我甚至懷疑自己只是到現場來找點事做做，減輕自己的罪疚感。手機直播的技術，在二〇一四年時，還未有足夠的流動網絡可以支援，那時在現場直播的大都是一些較大的新聞媒體，拿著碩大的直播器材，與報導記者在現場拍攝。雨傘那一年，我用輕便的方式，拍攝主流媒體不同的角度，以第一身參與現場的經歷，和抗爭者並肩的感覺，讓我找到自身的位置，製作出雖然粗糙但是有溫度的《亂世備忘》。二〇一九年的抗爭，現場的直播手機好像取代了我的位置，並遠遠超出我所能做到的，報導者講述現場的狀況發展，帶著面罩的示威者，在一些較為平靜的時刻，也喜歡在直播手機前與報導者及網上群眾交流，這顛覆了我對現場拍攝的想像。

但亦因為這種原因，我更深思自己所拍攝的是什麼，既然自己手中的媒介和拍攝方式，不可能追求 timely 的報導，就不如努力地去提供更多的深刻思考，努力嘗試把手中素材，變成可以經歷時間和世代的作品。

二〇一九年紀錄片的現場拍攝，亦有再多一重的難度，即使是各大媒體的記者，在現場也是困難重重，而紀錄片工作者的身分，情況更甚。其他媒體記者有比較容易被認可的媒體、機構、或記協的證明，但紀錄片工作者，除非你是為一些海外大媒體拍攝，亦即使你是為海外的媒體拍攝紀錄片，也未必能很快得到證件。在抗爭現場拍攝，經常多番被留難，更有很多紀錄者差點或已經被捕。

從前會很想避免一種以「記者」身分保護自己的狀態，無論是在雨傘運動，還是二〇一九年反送中剛開始的時刻，覺得自己可以以拍攝者的身分參與一場運動，所以一直不會帶證件或媒體的反光衣。但後來事態的發展，除了因為前線的子彈橫飛和濫捕，也因為有被抗爭者阻止拍攝，檢查素材的經歷，讓我覺得不能再以這種模糊的身分出現在現場，以免造成大家的恐慌和誤解，所以在反送中抗爭進入第三個月時，我終於穿上了反光衣，也帶上了年輕的副導演為我找來的保護裝備。在這半年的拍攝，相比很多記者和紀錄片的同伴，我是非常幸運的，只曾於胸口等肉比較厚的位置中過反彈而來的催淚彈和布袋彈，算是輕微的瘀傷，並得到現場義務急救員快速的協助。

反送中拍攝當中，有一段對我來說最深刻的經歷。《憂鬱之島》影片中有幾個被捕者用索帶扣著雙手的鏡頭，那時我剛剛從被捕的人群中被釋放出來，早一刻我被防暴警察壓下來，和其他很多示威者一樣，被噴滿了一臉的胡椒噴霧，「拉埋佢！（抓住他！）」一位警察大喊，那一刻我心想，「這次麻煩了！」其實我一直很不想用紀錄片拍攝者的身分與抗爭者劃清界線，這是我自《亂世備忘》以來作為拍攝者的信念，但那刻我站起來，大喊「點解要阻住我！點解要拉我！我做緊野！（為什麼要阻止我！為什麼要抓我！我正在工作！）」大喊出來的時候，我有種對自己的信念崩潰的感覺。

後來警察一軟一硬地在處理我的要求，我拿出一封海外媒體的信，早兩個月《憂鬱之島》剛在一個海外的提案會裡得到獎項，電視臺給我們一份合約（最後沒有簽署），有些關於在香港拍攝的英文信件，我便拿出來給那個看來比較能溝通的警察，他看過後把我的身分證資料抄寫下來，便把我放走。現場我估計有六、七十位示威者被扣上索帶拘捕，而我用「記者」身分逃出去了，既是猶有餘悸，但更多是難以明狀的罪疚。我整理好自己後，走到遠遠的一邊，把攝影機換上100-400mm的長鏡頭，用像拍飛鳥般極為安全的距離，拍攝他們被索帶扣上後一對一對的手，那一刻我眼眶不由自主地溼了，當眼眶一溼，胡椒噴霧就刺痛了眼睛，淚水奪眶而出……

後來我才發現我差點被捕時收到訊息，我的一位紀錄片朋友發來的，「不用擔心，我拍到你，什麼也沒有做！」我便回覆：「我無事，放出來了！」但那之後他再也沒有回覆。後來才知道他在另一邊被捕了，兩年後他被控「藏有攻擊性武器罪」，罪成入獄。

這個經歷是我在反送中裡最難以講述的，這包含我對自己在抗爭現場拍攝的失望。理大圍城後因著迷失，也因著怯懦，我再沒有到抗爭現場，而《憂鬱之島》裡，最後也沒有放很多反送中的街頭鏡頭，縱使現場拍的素材存滿了整個20T的硬盤。

我不能好好處理二〇一九年的街頭抗爭，這是我對自己的一個總結，最少在這一刻，我是這樣覺得。

進入二〇二〇年，街頭抗爭慢慢被鎮壓下來，疫情開始，被捕者愈來愈多，香港進入後一九的時代，《憂鬱之島》也從後雨傘，走進了另外一個個香港已回不去的時代。

對於重演的想像

我的首兩部短片《香港人不知道的》和《作為雨水：表象及意志》，是一個虛構的陰謀論故事，發生於二〇一三、二〇一四年現實香港的社會背景，再運用傳統的紀錄片形式去呈現。早在大學時期，我就開始對紀錄及劇情的模糊界線充滿興趣，很想探索當中的邊界。而這種虛實的界線，用於處理香港的社會，於我來看好像有其獨特的意味——在很長的一段時間，我們都認為《基本法》保障下的香港，自由會得到保障，然而，一切都只是表面，自由在暗中以不同的方式慢慢被蠶食。自由於香港成長的人有如空氣，生而有之，感覺理所當然，像短片中的自來水與天降雨，但是原來內有陰謀。而虛構紀錄片其實並非全然虛構，正是因為身處這種政治的不安與對政權的不信任，這種虛構故事，在香港觀眾眼中，既可以是戲謔類的喜劇，也可以變成驚慄片。

而這些故事放諸全然不同的今日，不再適合，因為一切壓制都來得直接、高姿態。

《亂世備忘》拍攝於占領時期的當刻，是一部傳統的紀錄片，我沒有想要思考劇情與紀錄間的界線，但是當帶著他到世界各地的紀錄片影展放映，我看到「重演」如何被不同創作者所使用，而「重演」接近另一種「真實」，又存著多少的可能性呢？加上我可能有種想證明自己能處理劇情電影拍攝的能力，所以這些創作的自我，讓我不加思索的，很早便出現要以「重演」這方法講述《憂鬱之島》故事的想法。

當時在沒有任何資金做任何重演的拍攝下，我寫下我對這種處理手法的想像：

歷史與當下時空交錯，穿插紀錄與劇情重演，模糊了真實與虛構的界線。從三位正值耆艾之年的男性視角，既回憶香港的歷史轉折點，亦思考未來的路。

《憂鬱之島》關心的，是這三位正值耆艾之年的平凡男人，與香港歷史的命定交錯。這三位主角身處宏大的歷史漩渦中，如何安身立命，如何見證與承載斑駁的歷史痕跡，這些才是《憂鬱之島》的核心之處。拍攝將對焦他們今天的生活與模樣，並以重演（re-enactment）的方式來攤陳他們的記憶與曾經親歷的浪潮，以另一種藝術形式與眼光來呈現我們熟悉的歷史段落，在虛實之間思考香港未來的路。

——《憂鬱之島》的初代企畫：拍攝及創作構想

當時的我想，如果能讓觀眾有看劇情片的感覺，那不是很有趣嗎？所以我在現實世界盡可能以日子換取多變的畫面素材，讓素材顯得有安排，另一方面又計畫以「重演」，去重構主角在現實上不能交代清楚的那段歷史經歷。現在回想起來，那其實是一種創作的自我中心，我當時還沒有想清楚重演的意圖和意義，也許我只是想證明自己是一個不一樣的創作者。

在那段時間，在很多的紀錄片提案會的臺上，我談到自己重演的構想，但是「重演」在紀錄片提案世界，都算是「敏感詞」，特別是對於電視臺的代表，他們立即會想起那些很失敗的案件重演效果，而例子實在多不勝數。而當「重演」涉及的製作資金之多，《憂鬱之島》又包含數十年前的時代背景時，要說服臺下代表，就更加困難。反而影展代表對此抱有很開放的態度，當計畫還是非常初步的時候，我們在華人紀錄片提案大會（CCDF），就得到了 Hot Docs 加拿大紀錄片影展給我們的提案獎，也促成了後來我們在該影展做實體首映。

不過經歷了一年多近兩年的海外提案，重演資金依然一籌莫展，直到二〇一九年中反修例運動爆發，因著世界對香港的關注，我確認了日本太秦電影公司的參與，以及幾個提案會（包括韓國DMZ、日本的Tokyo Docs以及瑞士的Vision Du Reel等）的提案獎金，我們遂得到一部分的資源去實行我對重演的想像。而更重要的是，經過了這場抗爭，我慢慢發掘出更多「重演」的意義，以及它所能觸碰到的，那不一樣的「真實」。

二〇二〇年初，我把我三位拍攝人物的一些公開講述的經歷收集好，他們有影像訪問、文字訪問、也有自己撰寫的回憶故事，由於他們都是經常接受訪問的人，他們談及的個人經歷，在很多媒體都可以找到，我把這些內容寫成一些重演的分場，有文革逃港的過程，暴動中入獄的記憶，以及目擊屠城的見證，然後，我們又參考了幾位主角年輕時的樣貌，開始尋找年輕的「演員」。

找尋「重演」演員

我們用不同的方式找人來試鏡，有邀請專業演員，也在一些社交媒體的演員群組出招募的資訊。試鏡的數個星期，我們遇到很多經歷過反修例運動的人，無論是前線武勇、和理非，或是旁觀者。也許因為我們團隊過去的作品，他們都信任並願意分享他們的情感，或是憤怒，或是失落，有時會談到淚流滿面，有些更會談及自己的被捕經歷，談及去留等問題，我深深感受到大家難以排解的複雜情感，每每找到安全的機會談起時，總是喋喋不休，這是這一代人的烙印。

後來我發現這些素人（非專業演員）在試戲時，雖然沒有什麼表演的技巧，但卻與面談時的一些個人經歷融合，加上與他們所重演的角色於政治取態或是身分認同南轅北轍，這種好像相同但又迥異的感覺，讓這些不合格的演出，忽然變得非常豐富，重演不再只是過去的歷史，更多是關於今日的我們，這些經歷過反修例運動的，我們的當下。我們或是被捕了等待審訊，或是因運動失敗而沉寂低落，或是思考是否應該離開香港，去一個自由的國度落地生根。今日的我們，與過往的他們，在重演之中重疊，既共通又衝突，產生了多樣的層次。

我們開始在不同的手足 Telegram Group 發放招募演員的資訊，在這個運動沉寂下來的時間，也招來很多有心人前來幫助和參與。我最先遇到的是小凝，她談到自己小學來到香港，面對的不適應和歧視，但在香港建立了歸屬感，這個十九歲的女孩的經歷，恰好與上一代來港的老陳和潔馨形成一種隔空對話。阿朗來試鏡時，我就覺得這個年輕人喋喋不休的狀態，有點像他要演的石中英，而那一刻的他正在等待暴動罪的審訊。在試戲的時候，他的演出近乎災難，然後我叫當時導演組實習生扮成他的試戲對手去吓嚇他，實習生很入戲，一走過去便把椅子大力丟在地上，然後指罵他，問他：「你係咪（是不是）中國人？」阿朗的即時反應是有點震驚但鎮定住自己，然後反駁：「我係（是）香港人！」就那樣，我發現這個組合很有張力，在身分認同上，在經歷上，而那表演上的不足，已變得無關重要。

我們一直找不到演小強和老陳合適的人選，但當我們確定找小凝和阿朗時，我們更清晰找「演員」（重演者）的方向，就是兩代人可能的衝突或共通之處。

小強的學生代表身分便成了我們尋找的方向，在沒有面孔的反修例抗爭，參與抗爭的學生很多，但沒有一個「代表」，唯有浸會大學學生會會長方仲賢，因雷射筆事件而在深水埗街頭被捕，影片廣為傳播，是較多人認識的一位參與運動的學生。方仲賢也有張上鏡的面孔，我便著副導演聯繫他，試戲時演戲也不再是重點，一個本土派的青年人演一個「大中華膠」，那種衝突本身已經很有意思，他也樂意參與這部電影。餘下的角色老陳，在最後最後關頭，我們把幫忙剪接的Anson推出去試，他也曾參與過一些戲劇演出，曾談及自己父親一輩也是偷渡來港，雖然他不諳游水，我們把他併在小凝身邊，覺得也很合適。

在正式拍攝之前，我把一些他們要演的人物資料交給演員們細閱，而演文革逃港的這一組合，我覺得事先安排他們見面也不錯。某天早上，便帶小凝和Anson到黃埔海邊，見見潔馨和老陳。他們拿著錄音筆做訪問，用「演員」的角度去理解上一代的心路歷程，在Anson的眼中，二人相約逃離文革中國，冒生命危險來香港，是一場浪漫私奔的旅程，他們在海邊看著老陳跳進水中，邊談論著今日香港的去留問題，兩代的映照，頓時浮現。至於其他兩對組合，那種潛藏的衝突，讓我很猶豫是否讓他們見面，最終還是留待正式拍攝才做安排。

我們從未經歷過這幾場歷史事件，加上資金所限，那些萬人的天安門廣場，上百人的文革集會，要完整地重構這幾些歷史場景，可以說是不可能的任務。但是我們怎樣看待這種限制呢？我們能不能把限制當成思考，而不是無盡地追求那種場景及演出的「真實」。當我們把那種距離和差距誠實地告知觀眾，把限制展露於觀眾之前，配合我們對記憶與歷史的思考，這樣，限制便不再是限制，而是另一種「真實」。後來我慢慢發掘，重演和記憶有種相似性，那種相似就是來自於所限，我們無論花多大的心力，都無法重構一件過去發生的事，正如我們努力去記住過去重要的細節，但歲月總會把記憶糢糊掉，我們自己又會把那些記憶以最方便、最容易、最有利自己的方式去講述！當我們以抽離的方式去看這些記憶歷史的描述，這些場景重演的重構，便會找到記憶與時間距離的另一種真實。

文革四個偉大集會的那場，我們找來了二、三十人的演員，攀山涉水地去到一個叫土瓜坪的地方。在幾間廢屋的旁邊，架起了我們美術準備好的道具。陳克治說，當時下鄉的地方是一片平原與農田，這麼多山的地方也都沒田可耕，我摸摸頭便蒙混過去。我們準備好便在廢屋前排演，當時演領導的劇場導演陳敏斌多次詢問陳克治，大家叫的口號對不對？當時的情況是不是這樣？旁邊有另一位經歷過文革的老人，一直在指導著我們，叫我們表現得更為熱烈，在他的記憶之中，當時的情況就是這樣瘋狂的個人崇拜。年輕的重演者便跟著他的指示，熱烈地在叫著口號，我也視這種樣板般的文革為理所當然。

老陳在回憶的文字中寫到自己對這些集會的不屑，而我一直的理解是，集會是熱烈的，就只是反叛的老陳表現出這種情緒，Anson和小凝的演出也是以這種方式去表現。把集會領導講話拍完後，我把攝影機指向穿上文革下鄉的服飾的兩代人，我給了他們最簡單的引導——隨便談些什麼吧。

他們便開始談起下鄉時的那種不情願，自己未來的那種不能自主，然後Anson問他們，當時的集會是這樣的嗎？老陳便說：「我們沒有那麼激烈。」後來我把這個部分整個放到重演的那一場戲當中，讓觀眾跳出來思考重演場面的真實性。對我來說，另一位在現場經歷過文革的老人，他有自己的記憶，老陳也有自己的文革記憶，兩者即使迥異但都不是唯一的真實，而我們這些未經歷過文革的一代，或者因為兩地區隔，沒有直接經歷文革的香港人，看待文革也可能有既定的形象。後來影片在三藩市放映時，一位從中國移居當地的藝術策展人告訴我，那場文革演出讓他想起香港導演張堅庭的喜劇《表姐，妳好嘢！》，那種香港人對大陸樣版式形像的展現，開始時覺得重演很假，但當從老陳口中說出對重演真實性的否定時，忽然間，影片又好像觸碰到另一種的 authenticity。

對話與陳詞的張力

雖然文革集會首先出現於電影當中，但其實我首先拍的是監獄的那一場對話，而那也不是事先構想的。最初我只想拍一個從監獄走廊的推軌鏡頭，然後鏡頭一搖，我們看到孤單地囚在倉中的，飾演石中英的年輕人阿朗，後來覺得，如果用同樣的鏡頭，但是在監倉內，坐著的是已達七旬的石中英，可能會直接衝擊觀眾的預期，或可讓觀眾感受到這個老人仍被當日的記憶或所相信的困住。製片安排了其中一個晚上通宵拍攝，兩位重演者在差不多時間前來，在化妝室中他們碰面，我向兩邊輕輕介紹對方的名字，大家表面上客套地回應了兩句，但我感受到兩邊潛藏的衝突與不協調，忽發奇想，如果他們在獄中對話會發生什麼事？

之後我分別問準了二人的同意，跟製片在時間安排中擠出一個時段，然後讓攝影師把機械架好，便邀請二人進入監倉當中。那是一個長約一小時十五分鐘的對話，一開始石中英便談及他六七暴動的入獄經歷，那故事與我最初認識他描述一模一樣，阿朗比較靜，過了大半小時，也沒兩句話，我覺得不對勁，叫停拍攝。大家休息的時候，我把阿朗拉到一邊，說他應該要談自己的經歷，提出自己的想法，或起碼當刻在監獄裡的感受。

阿朗回到監倉，拍攝重新開始，他終於在一個靜下來的狹縫當中，找到開始講述自己的時機，阿朗談到自己是反修例運動的被捕者，正在等待暴動罪的審訊，那三面牆的監獄不再只是石中英的過去，而是阿朗的未來，他不停想像將在獄中度過長時間的自己，心不能靜止下來。後來，我們把這一小時多的對話剪成約五分鐘，嘗試平衡兩方的比例，這場深刻的對話，引起的疑問和討論也是極多，老人對年輕人的經歷有共情嗎？我們可以同情老人嗎？他們真的有在溝通嗎？他們是在辯論嗎？那誰勝誰負了？暴動究竟是什麼？自由又是什麼？國族身分又是什麼？我們會被遺棄嗎？我們會遺棄他們嗎？香港有能夠自主的未來嗎？

小強與方仲賢在電影中沒有對話，但其實我們曾經拍攝。當初我打算安排在天安門的重演場景當中，但由於我安排不善，最終沒有成事，後來在拍攝鍾耀華陳詞那一場前後，我們快快地安排了一場二人對話，在法庭的觀眾席，因為沒有什麼火花，最終沒有放進影片當中。後來總結經驗，文革的一場對話，由於是置於過去的場景，談的內容便多為過去；獄中的一場，因為那個場景可以是兩代不同人各自的經驗和投射，那對話便關乎過去、今天和未來，是最為成功的一場。而法庭的場景與二人的記憶以及所經歷的關係不大，便激發不了有意義的對談。

後來在剪接和試映的過程當中，我發現如果觀眾以劇情片的角度去看待重演，會出現一些問題，一方面是對製作的挑剔，例如逃港二人的鞋子怎可能這麼潔白，六七年學生的頭髮沒可能是這樣之類。但另一方面，觀眾對重演所呈現的故事，又容易放下懷疑與批判（suspension of disbelief），嘗試完全相信導演建構的世界和影片中主角的記憶，但這不完全是這部電影的原意，我遂在漫長的剪接當中，嘗試找不同的方法讓觀眾既放下對製作的挑剔，又保持對重演和記憶的存疑。

另一場重要的重演是鍾耀華於占中九子案的陳情，時間回到二〇一九年四月，反修例運動正式爆發前的兩個月，早上五時天還未亮，我睡眼惺忪地在西九龍法庭前排隊，直到九時開庭，七號（D7）被告鍾耀華陳詞一段，把我從睡意中拉了出來，他的發言震撼著坐在觀眾席的我。當時我想，那聲線，那被告柵下的那個面孔，單用文字是不足夠呈現的，那一刻，我把那畫面牢牢記住，我一定要把這一場重演出來。

二〇二〇年末，我硬著頭皮邀請鍾耀華來重演這一場，我們本身並不認識，找人聯繫，並把我的構想發了給他，他說要回去想想。後來久久未有回覆，我便再找他，他說覺得雨傘是很久以前的事，特別是經過反修例運動後，覺得可能不甚重要，我說影片不只是在講雨傘運動，而是想運用你的陳詞，連繫片中所有在不同時代的人，也連繫今天或未來的我們，他終於答應。

在法庭裡，美術為他準備了陳詞的手寫稿，觀眾席坐滿了人，很多都是之前來試鏡的年輕人，相比真正西九龍法庭的規模，當然差天共地，但那種場面的重構也不再重要。耀華先試了一次陳詞，可能因為是演回自己，所投入的感情像是毫無難度，他指示了觀眾席的臨時演員要一同專注，不要打瞌睡，因為與他們眼神接觸，是讓他情感投入到這場重演的重要因素。那天我們總共拍了三次，我覺得已經達到我想要的效果，場景是否能還原實況並不重要，情感真摯就能貫通不同的時代，直達我們的內心。

為《憂鬱之島》找一個結尾

二〇二〇年秋天，我想差不多要為《憂鬱之島》找一個結尾。後一九的香港時局每天都在演變，我想一部電影不能無限期的追著時勢發展，應該是時候找個停下來的位置，也讓他留在屬於他的時間點。我想了很久，在已有的素材當中尋尋覓覓，依然找不到出口。有一天，我忽然覺得那刻的香港，有點像等待審訊的人，我們很難去想像很遠的未來，因為大家都在等待，審訊後可能便要鋃鐺入獄，而那種未知，或者可以成為影片的尾聲。我開始從各種渠道尋找一些被捕者，有的正在保釋，等待審訊，也有已經服刑結束，也有的是後來才知道，在見面拍攝後再次被捕入獄，囚禁至今。

我在工作室搭建了一個被告欄，然後請他們坐在裡面，他們慢慢回憶這一兩年的抗爭、被捕、審訊的心路歷程，也有想像自身與香港的未來，每一個面孔的經歷看似微少，但卻是獨特的，對他們來說都是巨大的改變。有人形容審訊像婚禮，很多多年不見的面孔，忽然在法庭的旁聽席上聚首一堂；也有年老的一輩，回憶起七〇年代在港英時代第一次抗爭被捕；有人以患上絕症，比喻漫長的審訊過程，他們害怕身邊的人擔心更甚於自己，學會在有限的時間裡珍惜家人和朋友。

回到電影裡最重要的問題，「對你們來說，香港是什麼？」我想沒有一個受訪者能說出一個所以然來，他們沒有去回答香港的身分怎樣建構，卻訴諸最直接的感情。雖然這個地方的巨變讓人感覺陌生，但這裡卻是一個承載著回憶與經歷的地方，身在這裡就會有一種安心的狀態，那種感覺即使在《國安法》和抓捕下，在我們的恐懼當中，仍有對這個地方的那種熟識與不捨。

我沒有把這些訪問內容放進去，只留下被告欄靜默的面孔，直面觀眾的眼神，剪輯成一段長約五分鐘的段落作結。有人與受審者對望後，覺得太消極，因為他們都是被動地在等候發落，但又有人覺得，在一個無面孔（faceless）的抗爭中，能夠看到手足臉上展露的複雜情感，很是難能可貴。而把他們的面孔併合不斷出現，就像是看見大家各自的存在。

這些面孔，恰恰好像為這部電影開始時的提問「香港是什麼？」，給出一個簡單卻明確的答案。

剪接期的思考

《憂鬱之島》正式剪接的時期長達十五個月，這還不算當初一些邊拍邊剪的時期，那是一段漫長而痛苦的時間。通常紀錄片剪接，每十分鐘便大約需要一個月的剪接期，九十分鐘的電影，大約便是九個月，《憂鬱之島》存在多樣的素材，觀察式的素材、紀錄重演，現場「製作花絮」，以及蒐集回來的檔案資源及小部分的訪問，四段歷史或當下的事件，七位主要的人物，大大延長了剪接和試映的時期。面對龐大的素材，究竟怎樣去拼合，而拼合又存在多少可能呢？

當初處理不同素材的方法是以素材的性質開始，對於手頭上海量觀察式的素材，我們先抽出重要可用的分場，然後努力發掘當中的意義。例如學聯六十週年的晚宴，拍攝的時候，我們集中火力拍攝不同政治光譜的人同場、小強與他的同代人的演變，以及小強與年輕一代的隔閡等等，在剪接時就努力把這些觀察抽出來，並放大讓觀眾感受。經過二〇一九年的抗爭和二〇二〇年的搜捕，我知道學聯這一場面臨被告的人一定有很多，我們回到原點，重新觀看這些素材，於當中尋找今日面對審訊，或者身陷囹圄的面孔。果然，我們發現為數不少的人，有的甚至和小強有交流，時局的演變賦予這些「過去」多一重意義，看到二〇一九年前的他們，讓人百感交雜，我便把這些談笑風生的面孔置於片中，並加上他們被捕的文字。

「重演」的部分，除了對話的某幾場以外，最初我都把它當成「劇情」素材，交待那段經歷，處理好節奏，那就當作完成。下一步便把不同的素材組合，讓觀眾穿梭於不同的時空之中，例如老陳等一群偷渡逃港者於鴨洲拜祭，一剪跳到十二港人事件，[4]一九八九年在香港的遊行，大家高唱著「起來！起來！起來！」，然後剪接到今日的街頭，抗爭者燒毀一些愛國的標語。這種穿梭跳躍的剪接，只要組合起來的兩個畫面或場景，有任何意義上的連繫，例如相似的行動／口號，或是衝突，例如國族認同的差異／當刻與今日的距離，我便用剪接，把兩者組合，讓時空快速轉換，讓素材之間產生衝擊，也不理觀眾是否理解當中的背景。

第一次試映是在二〇二一年初，我們邀請了幾位我認識多年的紀錄片／影像創作的朋友，陳巧真和李偉盛[5]等來到我的工作室，他們一向以對創作批判不留情面而聞名，那個晚上我的初剪被慘痛地批判，他們說，「看了兩小時，不知道導演意圖是什麼。」「那些重演很假，不堪入目。」「我受不了那個六七暴動愛國老人，我為什麼要看他？我也受不了那個八九年的大中華膠，我為什麼要看他？」我的自信心在那天晚上被完全摧毀了，但後來我發現，這些好像隨意的批判，卻也是電影中首先要處理好的問題。第一個問題和第三個問題基本上是共通的，我怎樣讓觀眾理解電影中提出的疑問？如何讓他們在走進這幾個人物的時候，感受到這不是關於過去，而是對當下與未來的思考？

而關於第二個問題，對重演的批評，陳巧真甚至提出了讓這些素材「好看一點」或「真一點」的提議，例如把檔案相片放到重演的素材當中。後來我們嘗試重剪的時候，反思了很久，作為導演的我，想觀眾怎樣觀看這些「重演」，這些都是我們需要去講清楚的。

經歷了那夜慘痛的批評後，我身心俱疲，覺得要放下一段時間，便找來剪接師禾青幫我用新的眼光去看這部電影，我自己則留一點空間思考。那一個月時間，他把片中人物的述敘深化了，也不避政治地雷，把六七暴動石中英的故事變得立體，同時也放進了很多因我對形式的執著而一早拋掉的材料。當我重新回到剪接房時，我們把四段時空寫在四種顏色的便條紙上，貼滿了一面牆，作了不同拼貼的嘗試，最後我們還是保留時空穿梭的方法，把這四段時空混合。我們也發掘出更多重演過程中的一些「製作花絮」，那些素材是我們拍攝重演時，特意另外拍攝的，當時我因為要作為「重演」的導演而分身不暇，但我深感那些製作過程會是有用的素材，便找來認識多年的朋友導演劉國瑞，既可以處理攝影，又有導演觀察的人，來拍攝現場的製作過程。在新的版本，我們把這些本來被認為較為次要的素材重新發掘，放進片中，原來年輕人的內心，對大部分觀眾來說更為重要，而這些「花絮」，讓觀眾能以另一角度接收「重演」。

二〇二一年年中，我們迎來第二次試映。這次我們總共辦了三場，找了一些電影人、劇場人、記者、學者等前來。影片漸漸成形，導演的意圖也慢慢能說明清楚，觀眾提出了新的意見。「對香港觀眾來說，也不是容易的事，外國觀眾能夠明白嗎？」導演黃飛鵬以食物作比喻，這些歷史和人物，對觀眾來說非常「辛辣」，加上這種形式，好像是要食客用極長的筷子吃這道異常辛辣的菜，大部分的觀眾會選擇放棄。導演應亮說影片交待的歷史不夠清晰，人物亦不夠深入，所以其中一個方向是把影片加長，或許像紀錄片《天安門》，跨越時代，但資訊清楚陳列，另一方向則是把主題集中，刪掉旁枝，我深知我手上沒有足夠材料可以加長，而把資訊清楚羅列也未必是我想做的事，便傾向用簡約的方法去集中呈現。

那一年的七月，我啟動了因疫情推遲了很久的藝術駐留計畫 BerlineAiR，帶著還未完成的《憂鬱之島》前往柏林三個月，當地接待的 Nipkow 機構提供了住宿和生活費用，也有簡單的剪接室，以及提供給電影人的工作坊，那是我最集中剪接的一段時間，每天八九時起床，吃過早餐後，坐四十分鐘的鐵路前往剪接室，然後埋首電腦，直到晚上八九時，才回家休息。回家路上，在鐵路的月臺上吹著風，看著夕陽留下的餘暉，有種說不出的舒暢。我每天的工作時間太長，當地負責接待的朋友都說，「梓桓！放鬆一下吧！難得來到柏林。」

我便在城市遊走，可能走三四小時的路，累了便坐下，休息夠便再走。我喜歡去舊機場滕珀爾霍夫（Tempelhofer），早幾年去的時候那裡還架起了敘利亞的難民營，今日已人去樓空，只餘下一些方方正正的臨時屋，這裡曾經是西柏林被封鎖時空運糧食的地方，今日那些開放的停機坪和草地成為人們遛狗散步的地方，由西邊走到東邊，已經大半小時，斜陽會把你的身影拉得長長的，映在停機坪上。我又去看二戰猶太人被害的博物館，這些事情很直接地讓你知道，我們作為人，可以變成多恐怖，這也是這幾年在香港我所感受到的；史塔西博物館（Stasi Museum）在我家附近，我去了兩次，那些國安的監控與今日的我們何其相似，有人在結婚多年後才發現原來對方是國安的線人，那種建立起對人的不信任，那種恐懼，是極權社會的慣常手段，千百年皆如此。

在柏林的那段時間，給好一些人看過《憂鬱之島》的初剪，不只一個人看後向我提起 Hauntology（魂在論），柏林圍牆倒下後，其實從沒遠去，依然像鬼魂般不散，跟著每一個人。我們香港人，不同年代的人，又存在著怎麼樣的幽靈，在我們身旁徘徊，揮之不去？而我做了很遊客的事，買了柏林圍牆的石頭，把它送給即將被宣判入獄的阿朗。

BerlinAiR 導師 John Burgan 給我不少意見，他來自英國，對香港的殖民背景有一定的認識，但是對影片還是滿心疑問，而片中人物眾多，他們也會有記認亞洲面孔的實質困難。我最終放棄了時代不停穿梭的剪接方向，即使我相信那個方向一定有一個未曾出現過、最完美的版本。三個月後，我回到香港，開展十四日的酒店隔離，感受著人身自由受限的狀態會是如何。那時候的《憂鬱之島》，已清晰地分為四段，每個人物，觀眾有足夠時間認識和進入，加入簡約的文字，解釋部分背景資料，但又留有空間讓觀眾自行發掘，而重演中亦有接上很多導演喊卡之後，跳出來的那些過程，因為這不僅把觀眾從劇情片的凝視中疏離出來，也是把重演的歷史一下子跳到今天的方法。而那個版本再調整，便慢慢成為隔年一月定剪最終的版本。

這幾年有很多關於反送中的電影，激情地處理二〇一九年的運動，燃起人繼續抗爭的心，而我在漫長的剪接期間，情感一直很抽離，我甚至懷疑自己是不是有完全地投入運動，或者是不是真的愛這個地方，我在三藩市參與美亞電影節（CAAMFest）時，寄住在策展人朋友的家，我談到自己這一種平靜而有點冷酷的狀態，當時伯母剛好經過，她說：「不就是愈深的河流，看上去愈平靜？」

我發現，創作《憂鬱之島》，正是我排解憂鬱的方法，電影讓我有種安全的距離，去舒緩我失去了這座熟識城市的那種難以言喻的痛，這不只是公共的，同時也是個人的。當我對現實世界充滿無力感，我便把所有心力都放在這九十多分鐘的影像當中，彷彿這是我唯一能改變的事。隨著時局的轉變，在《憂鬱之島》即將完成的時候，我把自己的想法重新記下：

> 香港經歷一九年的劇變，這城市的人盡是憂鬱失語。離散與失去自由，原來沒有離自己很遠。
>
> 我出生在英殖香港的最後十年，中國政權延續的不安與不確定性、隨之而來的政治和社會動盪，種種促使我探索香港人集體身分的細微差別。審視這座城市的過去時，我看到歷史在短短幾十年如此頻繁地重演。
>
> 這部電影，是在快將沉沒的島嶼中，盡可能拍攝下來。這是關於「我們」，但「我們」是什麼？香港，又是什麼？這電影從過去到今日，看不同年代的

人，他們沒有停止過想像香港，想像香港的未來，並因此各自付出了代價。透過記憶的重新呈現，並置不同年代的香港人，連結、碰撞或探索一群香港遺民的心路歷程。這電影不僅是動盪裡的個人見證，也是這個島上將幾代人持續連繫的紐帶。

——《憂鬱之島》發行時預備的媒體資料：導演的話

1 發生於二〇一六年二月八日至九日的警民衝突，亦稱旺角騷動。

2 香港商業電台主持人。因抨擊六七暴動中相關人士的暴力，於一九六七年八月二十四日遭縱火致死。

3 香港工黨創黨主席，曾任支聯會主席，香港立法會議員。

4 指二〇二〇年八月二十三日反修例運動期間，十二名被控罪的香港人於保釋期間乘坐快艇企圖棄保潛逃，偷渡臺灣。途中，被廣東海警局拘捕並送往深圳判罪、服刑。

5 李巧真為香港攝影師、獨立電影導演；李偉盛為香港獨立電影人。

放映之後

二〇二一年十月立法會通過《二〇二一年電影檢查（修訂）條例》，並於十一月生效，「完善」後的制度納入國家安全為檢查指引。此後多部電影被要求刪減內容，例如有關二〇一四年雨傘運動及二〇一九年反修例運動等畫面，而有部分並非直接描寫運動的電影內容，如運動後的創傷、香港人去留、對政權的暗批，都極為嚴格地拒絕通過。我深知《憂鬱之島》在短期內已沒有在香港正式放映的可能，有段時間非常失落，覺得電影作為一種媒介非常被動。有很多談及運動的流行音樂作品，或以愛情作隱喻，或取一些意象描繪，既讓人連繫到後一九的香港，給人走下去的力量，他們通過大氣電波，傳播到離散的群體，又能讓獄中的手足聽到，這讓以電影為媒介的我羨慕不已。

放映的艱難

當後一九的電影放映被大大箝制，不能期待有本土的收入去補償製作開支，加上紅線處處，可能要承擔法律的後果，投資者或贊助者大多卻步，影片只能依靠非謀利的資金來源，但在後一九這幾年間，這些本地非謀利的藝術／紀錄片機構不是消失，就是被整治；政府資助的藝文或教育機構，也會因為創作內容及委託的創作計畫，而有被撤銷資助，甚至需承擔法律後果的可能。這種情況對創作者構成有形無形的壓力，當創作觸碰「禁忌」，不只是影響自己，更可能牽連甚廣。

《亂世備忘》在香港的放映經驗再也沒有參考作用，二〇二一年曾有機構想重新放映我的舊作《作為雨水：表象及意志》而被阻撓，二〇一九年前很多建立起來的放映網絡，例如電影《十年》所建立的社區放映網絡，大學或教育機構的放映也不再適用。放映的審查愈來愈嚴格，而且準則不停更改，一些用較抽象的呈現方式去講述抗爭後的傷痛，也不再被容許。有些年輕導演以黑畫面取代電檢要求刪減的部分，在電影院黑色靜默之時，展示無聲的抗議，這些不同的方法經歷電檢不停地「完善」，已難以再實行。在工業獎項方面，如香港電影金像獎以有五場公開售票的電影院放映作為報名資格，本來就讓多數獨立電影被排除在外，二〇一五年時的《十年》仍神奇地奪得「最佳電影」獎項，然而，經歷電檢的修改，所有這類的電影，不再可能通過電檢並取得參賽資格。香港獨立短片及影像媒體節（IFVA），多年來是年輕導演創作的展示場地，二〇二三年大會修改要求，所有入選短片需要通過電檢才擁有參賽的資格。所有公民社會及政治相關的電影，在短短兩年間，在香港已完全被「取消」掉。

《憂鬱之島》過去籌募資金的路徑也被斷掉了十之八九，很多本來建立起來的長遠計畫都變得不可能實行，劇變下的香港，「今日唔知聽日事」（今天不知道明天的事），所有計畫好像只能是短期而不能延續。我有一段時間覺得，後一九的香港，電影好像不是理想的創作媒介去處理香港的劇變。直到我們真正面對觀眾，我慢慢發現電影還是有其獨特性和重要性，他把觀眾聚在一起，一同經歷一些光影時刻，然後藉著放映，大家深入地討論問題。這在後《國安法》與離散後的香港，人和人斷裂與不信任的情況下，有著很重要的價值。

世界實體首映本來在鹿特丹國際電影節（IFFR），但二〇二一年末疫情再次爆發，實體放映基本上被取消，唯有在該電影節改成網上做有限放映，四個月後終於在加拿大紀錄片影展（Hot Docs）正式首映，我們開始親身接觸不同國家的人及離散的香港人，究竟銀幕前的觀眾，所接收並思考的是什麼呢？放映時常有人問我，影片的目標觀眾是什麼人？經歷了柏林的三個月，我既嘗試簡約並集中故事，讓海外不瞭解香港的觀眾也能連繫當中的人物與香港的演變，但同時我又想保留那種不同層次，屬於香港的複雜性。

而我發現那些不熟識香港的外國觀眾，自有他們連繫影片的方法，雖然他們無法接收一些影片中所呈現的，例如只有香港人才能意會到的笑點，或者那些只出現一兩個鏡頭的人物背後的故事，這是任何一種媒介都會出現的情況，排除了這些，他們從電影瞭解到香港人努力地去擺脫加諸於我們身上的國族枷鎖，不斷尋找自身的身分和真正相信的價值。面對失去自由與失去熟識的家園時的那種煎熬痛苦，影片中世代差異和隔閡，也是跨越文化和時間能輕易共感的元素。外國觀眾也會有其自身的觀看方式，例如從前殖民者的角度，去觀看一個殖民地如何在不同時代尋找自身定位的過程。

不同世代的離散港人

在一場放映裡，我們還遇到了不同年代移民的港人。記得有一個六七暴動後移民的港人，我還期待他會對暴動有一些憎惡的個人情緒，怎知他對香港的記憶只停留於孩童時期，甚至連移民的原因——暴動，也因為年紀太少而沒有任何印象，那他的家庭又是什麼時候來港呢？在香港停留多久呢？我沒有詳細地去問及。除了告訴我他移民的身分外，他完全是以一個外地人的身分去看香港的抗爭和這幾年的變化，他與這個城市完全沒有任何牽絆，雖然還是前來觀看這部香港紀錄片。

有觀眾是文革偷渡來香港後再移民他國的人，他們短暫地停留於香港。於他們眼中，香港只是一個中轉站，這種中轉移民的人，在拍攝陳克治祭祀逃港難友時，我也曾遇過幾位，記得他們對香港也很有個人情懷，但相比陳克治在香港落地生根，視之為家，又完全不一樣。

當然還有八九天安門事件前後，對香港前途憂慮而離開的觀眾，對於這一代的移民，大家較為熟知，而我也有些親友是這個時代離開的。他們相比下較為年輕，很多在香港土生土長，移民在經濟起飛後的香港。與他們傾談，我發現他們依然多以香港作為身分文化的定位，但對香港的認知，有著地理和時間的距離，與真實的香港拉得非常遙遠。在多倫多或洛杉磯等大城市，香港的移民分散不同地區，長途跋涉來到特定的電影院看《憂鬱之島》的，大都是依然支持著香港／中國的民主發展，但也有其他這時期的移民，慢慢變成了最「藍」[1]的群體。

二〇一九年反修例運動後移居的家庭，或者是留在海外讀書，不打算回去的年輕學生，大家還是會談一九後的劇變，會談如何努力適應移民下的生活轉變，以及對香港的感情與現實的距離。

那正是影片中所出現的四個時代，這些移民雖在不同年代離開，但都是因著一個共通的因素——中國。時間愈遠的移民，跟香港這個陌生的國度，不再有任何的連繫，當我們在銀幕下相遇，與他們談起各自的香港時，我不禁會想，我們這代的離散者，又怎樣隨著時間流逝，繼續與香港連繫呢？香港對他們來說究竟是什麼？或會演變成什麼呢？

「立足於今日去回看歷史」

二〇一七年《憂鬱之島》首次參與提案時，其中一位導師聽完我臺上簡介後，便立即說，你這部電影是想「立足於今日去回看歷史」（Looking into our past from where we are now），當時我沒有細想這句話。當電影完成後，觀眾問我怎樣看歷史，我實在不知怎樣回答，我甚至覺得自己沒有用很嚴謹的方式去看待歷史，才會使用這種穿於梭不同時代的歷史呈現。有一次，監製任硯聰（Peter）提起了這句話，我才重新整理自己切入歷史的角度和想法，我是不是完全沒有思考過呢？經歷接近五年的創作歷程，這當然不可能，或者從歷史學者去看，《憂鬱之島》這種歷史的穿梭與並置並不嚴謹，但這種穿梭的處理，還是建基於作為創作者的我所選擇的一些觀看的方式以及思考的方法，後來我便把它綜合為以下三點。

個體

這是有關個人經歷，而不是由上而下的歷史，我們從個體的經歷得以一瞥不同時代洪流下的香港。經歷過二〇一九年，大家都是無比微小的，彷彿可有可無，不值一哂，但個人經歷與感受，卻又如此巨大。我們無法相互理解，正如離散的人無法理解留港的人，留港的人又無法理解獄中的人，反之亦然，我更想發掘個體的故事，而非交待大時代的背景。

今日

歷史是一面鏡，照著的是你和我，故總會有觀看過去，從而反思自身的過程，當影片觸及歷史，就有與今天比較、映照的理由。一段歷史固然有百種切入的角度，選取哪些部分可激發我們思考今日，並對劇變下的香港與未來的想像有所叩問，是影片之目的。而一九後我們之所經歷，也深化了我們以何種角度看過去。例如在離散的狀態下看逃港，看過去的人怎樣離鄉別井，在香港生活下來；例如在失落的狀態下去看八九後的人怎樣看著世界變得更壞；例如在暴動的審判前看五十年前的一場暴動，思考何謂「愛國」、「暴動」、「自由」。

而影片也有與歷史辯論的時刻，當觀眾瞭解小強後，知道他未必能看到三十年前他們的理想——民主中國的出現，然後我把問題轉向代表著今日的方仲賢，以及向所有觀看著電影的我們，如果我們今天所爭取的，到死的那一日都不能實現，那你會如何？石中英對阿朗的話，談及他所經歷過的遺棄（主要指被政權），他指我們會敵不過時間的洗禮。我們會否遺忘獄中的手足，我們會否因著時間而變得犬儒而不自知，我們是否真的相信我們所相信的，而甘願付上代價？這些與歷史辯論的過程，不是為了讓觀眾感到舒暢，更不是一時三刻可以回答，我們需要用時間去證明及和回應，是為對今天我們的叩問。

香港

影片中張可森[2]在電臺節目中提到，過去香港的歷史，不是英國人的版本，就是中國人的版本，我們好像從來沒有以香港本位去看我們自身。我希望影片可以以香港為主體，不隨中國或英國角度，而是以香港的角度去看過去，今日，未來。即是雖然影片提到文化大革命的逃港故事，但焦點在於老陳與潔馨想像中那個自由的香港，而非文革的起因由來；雖然是談八九民運和天安門事件，但更多是集中在香港代表小強的香港視角和經歷，以及之後三十年的堅持。

經歷離散和兩年的疫情，在電影院或祕密的場地，電影重新聚合起關心香港的觀眾，在高壓的香港或是離散的香港，無論是喜歡或是討厭這部電影，因著影片討論有關香港的問題，電影便成了一道開啟對話的門，雖然有放映與傳播的限制，但當排除萬難把門打開後，又有著無限可能。那些放映的聚合，那些可貴的時刻，讓我覺得即使困難，電影還是有其價值及力量。

香港的歷史、運動、身分如何記錄

《憂鬱之島》開始時所提出的問題，有關我們的歷史、身分、記憶、有關抗爭後我們怎樣面對過去、我們又怎樣想像香港的未來，到影片五年後完成的那一刻，我沒有因著拍攝而得到解答，特別是當香港這艘大船撞進冰山，狂水灌注之下，原有問題懸而未解，更多困惑應運而生。多次《憂鬱之島》海外的映後座談，我並沒有回答得宜，但觀眾追求確切的答案，當時我給自己一個解釋，就是影像的留白，讓觀眾自行參與，自行填補。

當時網上出現一種很怪異的情況，海外觀看或在本地私人放映中看過《憂鬱之島》的人，開展了有關本片的爭論，而這些爭論在大部分觀眾都沒法看到電影的情況下，成了香港本地觀眾嘗試理解本片的唯一方法，我覺得這些討論和批評都是有意義的。雖然影片不能於香港放映，但透過影片去連繫人，引起公共討論，也許就是本片深一層的意義，所以我和監製 Peter 便到處尋找延續討論的方式。

二〇二三年四月，臺北飛地書店與春山出版舉辦《憂鬱之島》的後續論壇：「從《憂鬱之島》開始的提問——香港的歷史、運動、身分如何記錄」，我們因應影片的引申討論，定下了幾個討論的題目，包括紀錄片與歷史、香港人的身分、以及如何面對運動後的傷痛。對我個人來說，透過這場後續討論，我可以理解自己的電影多一些，而我也努力把製作《憂鬱之島》時對於上述面向的思考，用文字寫出來。

紀錄片與歷史／身分

一談到紀錄片與歷史，大部分人會立即會想起，檔案影像配合一個全知觀點的敘事聲音，這類歷史紀錄片，題材無論是二戰也好、遠古的歷史故事也好，總是把一些記載與史料，用簡明的方法向觀眾敘述，然後加上親歷者或歷史學家的權威訪問，再利用引證式剪接（evidentiary edit），利用相關畫面，例如場景、相片，以影像作為證明，併成一個由上而下，以稟述歷史資訊為主的解說式紀錄片。

這是我們最常在電視裡看到的紀錄片種類，製作者也期望觀眾在觀看過程中，不抱有任何懷疑，而是被動地接收整套紀錄片提供的歷史觀點、歷史資料。當然，這類紀錄片在拍攝過程中，也可能會發掘出一些新的史料，找到不同史觀和角度，再相互辯證，或者在由上而下的歷史呈現中，找到一些人性化的故事，讓影片變得更容易觀看。很多觀眾對紀錄片的認知，也是停留在這類解說式的紀錄片中。

《憂鬱之島》利用今日的年輕人「重演」歷史裡的個人記憶，穿梭於過去與今日，這種方法對觀眾來說相對不熟悉，當觀眾覺得斷裂抽離，不能單純接收資訊，投入故事的情況下，是否真的能引發觀眾的主動參與，發掘觀看的方法、位置，及對自身的批判呢？

回憶最初學習紀錄片，算算手指已經是十多年前，「什麼是真實」是談論紀錄片時最重要的問題，然後「如何靠近真實」，又會涉及創作者的方法與創意。紀錄片對怎樣呈現真實，內裡存在多少的操控，長久以來都吸引著我。由《工人離開工廠》（*La Sortie de l'Usine Lumière à Lyon*, 1895）那些工人為什麼沒有望鏡向鏡頭？到《北方的南奴克》（*Nanook of the North*, 1922），片中主角南奴克打獵、對留聲機感新奇，竟是導演的重塑？維托夫（Dziga Vertov）透過攝影和剪接實驗，超越人類眼睛看世界的電影眼，所有學習紀錄片的人都走過這些課題，而我也由觀看者變成一個拍攝者，去思考攝影機及創作者的位置，而「真實」的多面，以及對手中攝影機及操控的懷疑，慢慢變成我無法在創作中迴避的部分。

紀錄片常以影像「記錄」為最起始的思考，我們可以從早期紀錄片、城市交響曲（city symphony）類型的紀錄影像，看到那時的城市景觀、人的生活衣、食、住、行的狀態，那是一個時代的定格。我們又從《意志的勝利》（*Triumph des Willens*, 1935），看到當年德國對納粹及希特拉（希特勒）的狂熱，也能看到國家傾力支持拍攝，導演萊芬斯坦利用紀錄片作為納粹黨宣傳，而「當刻」變成「歷史」後，紀錄片本身也就成為了史料，我們可以看到當時的觀點，亦可以想像拍攝者當時以一個什麼樣的身分、位置去拍攝。

而紀錄片的限制在於他有極大的濃縮性，而歷史的資訊、方法、講述的可能性太多，而凡觸及歷史，總會有史料的真確性與歷史觀等必然會出現的問題。長達三小時的紀錄片《天安門》，為八九民運提供了很多前因後果的歷史資訊，在香港，很多人對這部紀錄片有很正面的評價，覺得留下了重要並詳盡的紀錄，但後來我卻在一些八九後離散的人的口中，得知他們非常厭惡這部紀錄片的敘述角度，認為該片狀似平衡客觀地講述示威者與官方，恰恰就是對被鎮壓的一方，弱勢示威者的不公，讓這部紀錄片接近官方的敘述傳播。

要以影像呈現讓所有人都認可的歷史觀，是緣木求魚，裝作全知去敘述歷史事件，也可能成為另一種虛假。雖說運用影像去觸碰歷史有很大的限制，但影像往往能提供文字或其他紀錄媒介之外更多的可能性，我認為很值得被發掘與試驗。

影像作為第一身的歷史資料

我的首部作品《亂世備忘》，與一四年的街頭抗爭者一同經歷雨傘運動，也是作為拍攝者的第一身經歷。觀眾透過鏡頭走進占領現場，與當時的抗爭者一同經歷占領運動——一場已成歷史的抗爭。一四年當刻的我，固然不是以記錄歷史為目標，而是希望透過拍攝，參與一場運動，甚至相信影像可以在當刻帶來改變，然而當占領區消失後，紀錄片卻留下可貴的紀錄，除了鏡頭前的那些場景、消失的占領區以外、參與者當刻的決定，情緒，都好像鎖住在那些影像素材當中，透過後期剪接處理，無論觀眾是否曾經親身參與，他們都可一同經歷「歷史」現場，即使今天的我重看，也有彷如隔世的歷史感。

活動影像的出現，不可能不改變新聞和歷史紀錄，而攝影機日益輕便及普及，激發出更多靠近真實的方法與敘事嘗試，影像亦不再止於特定時間空間的一瞥，不再止於我們在看百年前的城市影像，而是把攝影機靠近一些人，與一些人相處。美國的直接電影（direct cinema）《初選》（*Primary*, 1960）以觀察式拍法，長時間拍攝美國前總統甘迺迪的初選過程。法國的真實電影（Cinéma vérité）《夏日紀事》（*Chronical of Summer*, 1961）鏡頭走近幾個個體，在二戰後十多年的法國，我們可以用一個更微細的角度，去走進某一個特定的時間點，看見那刻人物的狀態，某一時代的精神面貌，遂變成一種很獨特的紀錄和材料。而《夏日紀事》的導演及被拍攝者，甚至在鏡頭前討論人物的呈現與自己理解的差異，從而帶出更多有關真實是什麼的討論。把一些對真實理解的差異，直接放於紀錄片內被討論，誠實而不裝作全知，開拓了另一種「真實」的呈現。

歷史與紀錄片的重演手法

近年「重演」在近年紀錄片中益發流行，這種觸及歷史，而不用傳統的解說方法，好像大大打破了大家對紀錄片的想像。我們對「重演」最初的理解，是要把一些我們沒辦法在現場拍到的畫面，重塑於觀眾眼前，因此重演那些歷史事件或罪案，都是因為我們錯過了當刻的記錄。

重演真的能讓觀眾走進現場？如何決定去建構什麼場景？重演這種創作手法常常被懷疑，原因往往是因為創作者單純為了「解說」而做重演，但「重演」於紀錄片中，又不能如其他檔案素材，有「作為證據」的效果，而當創作者沒有放下全知觀點，嘗試以重演解說，往往會讓觀眾以失望告終，既無法追求劇情片的投入及情感，又不能如「證據」素材般讓觀眾靠近真實。

但是當另闢途徑，例如運用重演展示那種「真實」的多樣與不確定，又或是以「重演者」的角度，思考過去的歷史事件或人物，往往有出人意表的效果。紀錄片《正義難伸》（*The Thin Blue Line*, 1988），導演訪問不同的「目擊者」，講述十多年前的警察槍殺案，影片根據不同「目擊者」的描述，從不同視角去觀看，並以重演呈現，讓觀眾對「真相」有更多層的思考。英國導演沃特金（Peter Watkins）的《巴黎公社》（*La Commune*, 2000），以今日的「重演者」角度，思考過去與今日，並做出今日／歷史，重演者／歷史角色的多重層次。英國藝術家戴勒（Jeremy Deller）於二〇〇一年組織了一場 Battle of Orgreave（歐格里夫抗爭事件）的大型重演，這是一場八〇年代礦工與警察大型衝突。他邀請了很多當年參與過罷工和這場大型衝突的人，透過重演，重新引發討論、讓多年被抑壓的情緒有所抒發、因著重演互換角色位置重新思考等等。

對於觀眾與評論者的回應

《憂鬱之島》是我首次以紀錄片直接敘述幾段他者的個人口述歷史，看到很多前輩創作者對歷史的思考，以及如何運用「重演」，總感到躍躍欲試，然而到我真正要處理歷史，並使用重演手法時，難度遠比我想像中高，成果亦引起了不少觀眾的期望與落差。《憂鬱之島》觸及歷史，首先並非為了解說歷史的前文後理，他並不是解說式（expository documentary）的紀錄片，然而觀眾往往期望紀錄片以全面資訊解說的方法敘述，有如看一本兩小時的歷史書；亦有觀眾對紀錄片的文宣效果有很大的期待，希望紀錄片能為他們叫喊口號，讓世界知道香港人的抗爭精神，當他們看到《憂鬱之島》時，頓失所望；有觀眾亦會考慮到海外觀眾的理解程度，海外觀眾明白嗎？影片能向海外觀眾解釋清楚某些歷史嗎？

《憂鬱之島》在海外放映接近兩年的時間，我們也收獲了很多討論與爭議，我一直沒有回應，覺得在觀影的那一刻，應該由觀眾定奪才是。但隨著《憂鬱之島》已經完成近兩年，我嘗試綜合出這些批評，而我也已經有足夠的冷靜，可以嘗試去做出一些回應。

第一，對於片中重演部分真確性的質疑。有些處於影片歷史同一時代的觀眾，指自己並沒有經歷影片中重演敘述的情況，無論是在一九六〇年代中學唱英國國歌的重演、或文革集會的熱烈情況。在網上引發討論期間，不少同樣成長於該年代的人，各自談及自己的經驗，有一部分人曾有該種經歷與感受，但部分人則沒有，沒有經歷過的觀眾會質疑，為什麼影片要呈現他個人所沒有經歷過的情節？這樣能代表他所經歷過的那個時代嗎？

其實，我在前作《亂世備忘》也曾面對這樣的批評，當我們每個人有各自經歷的雨傘運動，我們就會質疑為何影片只講述幾位參與雨傘運動的年輕人，或鏡頭只集中在旺角／金鐘的占領區。觀眾會質疑為什麼沒有拍到勇武派的年輕人？為什麼沒有拍到銅鑼灣的占領區？為什麼不放進警察的角度？

《憂鬱之島》的情況更甚，因著我沒有親身經歷過片中描述的那幾段歷史，便引來更大的質疑。經歷過該段歷史的觀眾，很多只相信自身的記憶，或相信自身的經歷更具代表性，這也源於他所相信的某時代的政治情況，認為這是唯一應該被敘述的記憶，因而大大否定影片中所敘述的他者記憶及其真確性，特別是當該段記憶來自政治取態相反的人時，更會質疑敘述該段記憶的目的。

這也是述敘個人歷史會遇到的問題，但差異反而證明，這是非由單一／官方傳播而成的，集體的、統一的記憶。這些不同人的記憶差異，缺少了，或強化了的描述，也是合理需要被理解的，在相互比較之下，其實也不是來引證、說明誰對誰錯，誰比較真實。個人記憶從不客觀，必然與身分、政治、認同有關，而這些恰恰就是《憂鬱之島》要提出的問題與思考。

第二，影片選擇拍攝對象時，沒有選觀眾所認為具有該段歷史代表性的人物。他們所指的代表性來自幾點，首先是人物在該段歷史的期間，是否是重要的角色。另外就是他對該段歷史的記憶和反思，是否乎合我們對該段歷史的期望，部分觀眾會認為有所反思的人，會較有資格去「代表」該段歷史。

對此，雖然我一直抗拒用「代表」（represent）這詞，甚至我不希望代表一段歷史，而將焦點集中在大時代下的個體，然而，紀錄片的「代表」的本質，確是不能避免。而我拍攝這些人物時，其實把很多精力集中在當下，他們是否有所演化？是否有所反思？是否執著於過去？這些問題，都是我所關心的，而這種對當下角色的關注，無論是否是那些觀眾所期待的，我也覺得不成問題，而當角色特別不符合觀眾期待，或模稜兩可時，他們可能更能「代表」今日的時代，引發我們的思考。

第三，延續有關歷史代表性的批評，《憂鬱之島》中除了小凝與阿潔兩位，缺少女性的代表。記得最初提案時，一位來自紐西蘭的策展人便說，「香港的歷史中沒有女性嗎？」

當初我想，影片中描述的都是人類共通的痛苦與弱點，這些應該都可以連繫不同性別年齡的人，而影片中只是剛好有較多的男性，可以算是「無關性別」，而這部影片也不是為了「代表」一段歷史，應該沒有所謂吧。

影片完成並開始放映之後，讓我更理解到紀錄片所呈現的確有其代表性，這是它逃避不了的本質，即使拍攝者沒有想特別發掘女性於歷史中的差別和困難。當影片觸及歷史，不同性別的面孔在單純的呈現上，仍然很重要，也是紀錄片這種無法排拒其「代表」本質的媒介，特別需要考慮和決定的事。

第四，就是敘述歷史的重點，部分觀眾對歷史的切入點，有其執著，不接受把重點放在個人，特別是那些與他們政治取態相反的人物，他們認為敘述這個個體的經歷會讓該時代的焦點變得模糊，甚至讓人產生他們認為不應有的同情／同理。

近年因著重演而為較多人談論的《殺人一舉》（*The Act of Killing*, 2013），導演處理一九六〇年代印尼屠殺共產黨人的歷史，這些屠殺者到今天仍然為當年的所作所為自豪。導演找來當年的屠殺者，重演當日以酷刑審訊或處決共產黨相關人士的過程，看他們依然樂於向人展示自己的「英雄」作為，觀眾難以理解這種人性扭曲，並不禁為之心寒。對《殺人一舉》一個很大的批評，是為什麼要讓這些屠殺者有述敘自己的機會？當然影片不是為了讓他們透過自述，讓人同情，而是讓觀眾可以看到更多歷史下扭曲的個人，而對數十年後的社會，以及這個人依然沒有思考當日之惡，從而有一種憤怒與不解。

對我來說，我的紀錄片敘述的個體經歷遠重要於時代。個體的經歷、選擇、人性都是複雜的，對大時代下被輾壓或扭曲、由雞蛋變成高牆、或活於陰影之下，我們從觀看他們的經歷產生同情、厭惡、諷刺、懷疑、連結、不解，這些複雜難解的情感，為什麼不能同時出現？創作不是用來簡化人物／事件，而是提供更多思考，讓人更加理解人性的複雜，尤其是經歷過二〇一九年的我們，又怎麼可以把個體的經歷、感受抹走，並簡化於時代的敘述之下？

第五，有觀眾認為並置和疊加多重的歷史並不合適，這會讓他們感覺不舒服。他們有些認為我在影片中並置了「理想主義」；也有人指二〇一九年的反送中抗爭是獨立成編的，年輕抗爭者和過去歷史沒任何連繫；有些則認為各時代沒有可比之處，是不妥當的做法。

我的想法是，首先《憂鬱之島》的創作並非要讓人感到舒服，而是想透過不舒服的碰撞，去讓人思考。當中沒有簡化不同年代的抗爭為「理想主義」，反而是努力指出各時代所相信的價值的重大差異。比較、並置、疊加這些價值並不等於將它們畫上等號。

對於有人說二〇一九年的反送中抗爭與過去這幾段歷史無關，我是完全不認同的，反修例運動同樣是發生於香港土地上的歷史，是環環相扣的，即使年輕世代不瞭解上一代的時代經歷，二〇一九年的爆發也絕不是橫空而出的。異見與反抗精神的延續、行動模式的強度與進化、對主權的反思進而對自主／獨立的追求、對社運大台的不屑而演化出來的如水抗爭、民主自由的信仰，無論是直接是間接，你怎麼能說這與從前的時代無關？

而時代穿梭當中展現的不協調，其實於我來說正是本片重點和疑問所在，例如「愛國」於幾個不同時代（《憂鬱之島》中就有六七、八九、〇八、一九）是如何被理解和使用？這些亦包括政權與角色的轉換和對調，或是對國族身分的不同定義和想像。這種對比亦包含許多與今日有關的關鍵詞，例如去留、「暴動」、創傷、審訊、自由等，用「理想主義」去講述我並置的原因，是不明所義，而並置與連結過去的原因，並非為了簡化，而是碰衝出更多對未來的思考。

《憂鬱之島》用重演手法而產生的時空穿梭和身分轉換，好像是從過去中尋找線索，影片中的人雖然有很大的差異，但他們都在各自的時代思考香港是什麼，以及想像香港的未來。有人以中國去定義香港的未來，有人的香港是自由的樂土，有人的香港是民主中國的一部分，有人的香港是今日不能再公開談論的獨立天地。而他們都因著想像香港的未來，而各自付出了代價。我們對自己身分的思考，或因種族而連結，或因政權的轉換，或因我們對價值的理解，共同的記憶，或因地域與與社群的想像，或因被壓迫受苦而形塑。在不同的時空穿梭的過程，演員與扮演角色的轉換，我希望能展示幾位不同年代的人想像香港的差異，同時亦貫穿不同年代的人，因未能主宰或左右香港的前路，而堆疊起的，一重又一重的憂鬱。

這些憂鬱，以及所有在這個世代下的複雜情感，如何在日益收窄的空間裡，透過作品表達？與香港的創作者圍爐交流，無論是去是留，我們都談及如何在劇變下的香港自處，很多人都改變了自己原有對創作與生活的看法，當然這不是所有人面對這個時局的反應，當中還是有人衝著龐大的資源走，想像自己能夠在夾縫下保存自己。官方的資源當然很有吸引力，但我對創作者能否在體制下保存自己，其實有著很大的懷疑。相反的，當我們不再依附官方體制或商業世界去創作時，在製作及資金上雖然更加困難，更可能因為創作內容為自己帶來麻煩，但在這種狀態下依然堅持創作的特立獨行者，也必然有更明確的方向和創作渴望，除去左右自己的旁枝，集中觀看自己的內心，在高壓的時代活於真實之中，更清晰自由地講述我們的時代、我們的香港。

在劇變下的香港，我遇到有些演員不再追求臺下觀眾的掌聲，反而視創作為人與人連結的方式；本來有長遠計畫、推廣獨立電影和紀錄片的人，現在只能見步行步，做好每一部電影，每一次放映。這幾年，很多年輕創作者不只改變了創作方向，更甚的是，人生也因著香港的改變而大大扭轉，有人在離散狀態下，在海外失卻一切網絡與資源，被迫放下創作，只求努力生活。這些我們各自的經歷，即使痛苦，也將成為未來的養分。我深信經歷反送中一代的我們，總會創作出更切身更重要，也更對得起我們的時代的作品。

1 政治立場親政府者。

2 前香港屯門區區議員。因民主派初選案被關押。

國家圖書館出版品預行編目 (CIP) 資料

憂鬱的編年：電影《憂鬱之島》與香港的身分探詢／陳梓桓、羅永生、林耀強、周永康、駱頴佳、謝曉虹、林易澄、潘達培著 . -- 初版 . -- 臺北市 : 春山出版有限公司 , 2023.11
面；　公分 . -- (春山之聲 ; 54)
ISBN 978-626-7236-67-3 (平裝)
1.CST: 社會運動　2.CST: 國家認同　3.CST: 紀錄片
4.CST: 香港特別行政區

春山之聲 054

憂鬱的編年：電影《憂鬱之島》與香港的身分探詢

合作策劃　《憂鬱之島》團隊、飛地書店
作者　陳梓桓、羅永生、林耀強、周永康、駱頴佳、謝曉虹、林易澄、潘達培

總編輯　莊瑞琳
責任編輯　夏君佩
行銷企畫　甘彩蓉
業務　尹子麟
封面設計　鄭宇斌
內文排版　簡單瑛設
法律顧問　鵬耀法律事務所戴智權律師

出版　春山出版有限公司
地址　116 臺北市文山區羅斯福路六段 297 號 10 樓
電話　(02) 2931-8171
傳真　(02) 8663-8233

總經銷　時報文化出版企業股份有限公司
電話　(02) 23066842
地址　桃園市龜山區萬壽路二段 351 號
製版　瑞豐電腦製版印刷股份有限公司　回函卡 QRCODE
印刷　搖籃本文化事業有限公司

初版一刷　2023 年 11 月
定價　420 元
ISBN　978-626-7236-67-3（紙本）
978-626-7236-71-0（PDF）
978-626-7236-68-0（EPUB）

二〇一九年，當時所觸發之反修例運動，是香港歷史上規模最大、持續時間最長的抗爭。運動由遊行集會開始。
（©《憂鬱之島》電影）

反修例運動演變成如水般的抗爭，參與運動的人們也面對了未曾經歷的鎮壓。（©《憂鬱之島》電影）

一九後的這幾年，香港變得不再熟識。（©《憂鬱之島》電影）

超過一萬零二百人因二〇一九年的反修例運動而被捕，超過二千六百人被控。（©《憂鬱之島》電影）

湧動而憂鬱的海，是香港的背景。從幾段近代歷史下的個體出發，《憂鬱之島》想要追問的是：香港是什麼。（©《憂鬱之島》電影）

陳克治（老陳）風雨不改，每日到維多利亞港游泳。（©《憂鬱之島》電影）

每日在維多利亞港游泳，原來承載著老陳夫婦逃避文革、偷渡來港的記憶。那時是一九七三年，在他們的想像中，香港是個很自由的地方（記憶重演）。（©《憂鬱之島》電影）

為了自由，他們投奔怒海（記憶重演）。（©《憂鬱之島》電影）

林耀強（小強）是一名律師，經常幫基層市民處理大小事情。（©《憂鬱之島》電影）

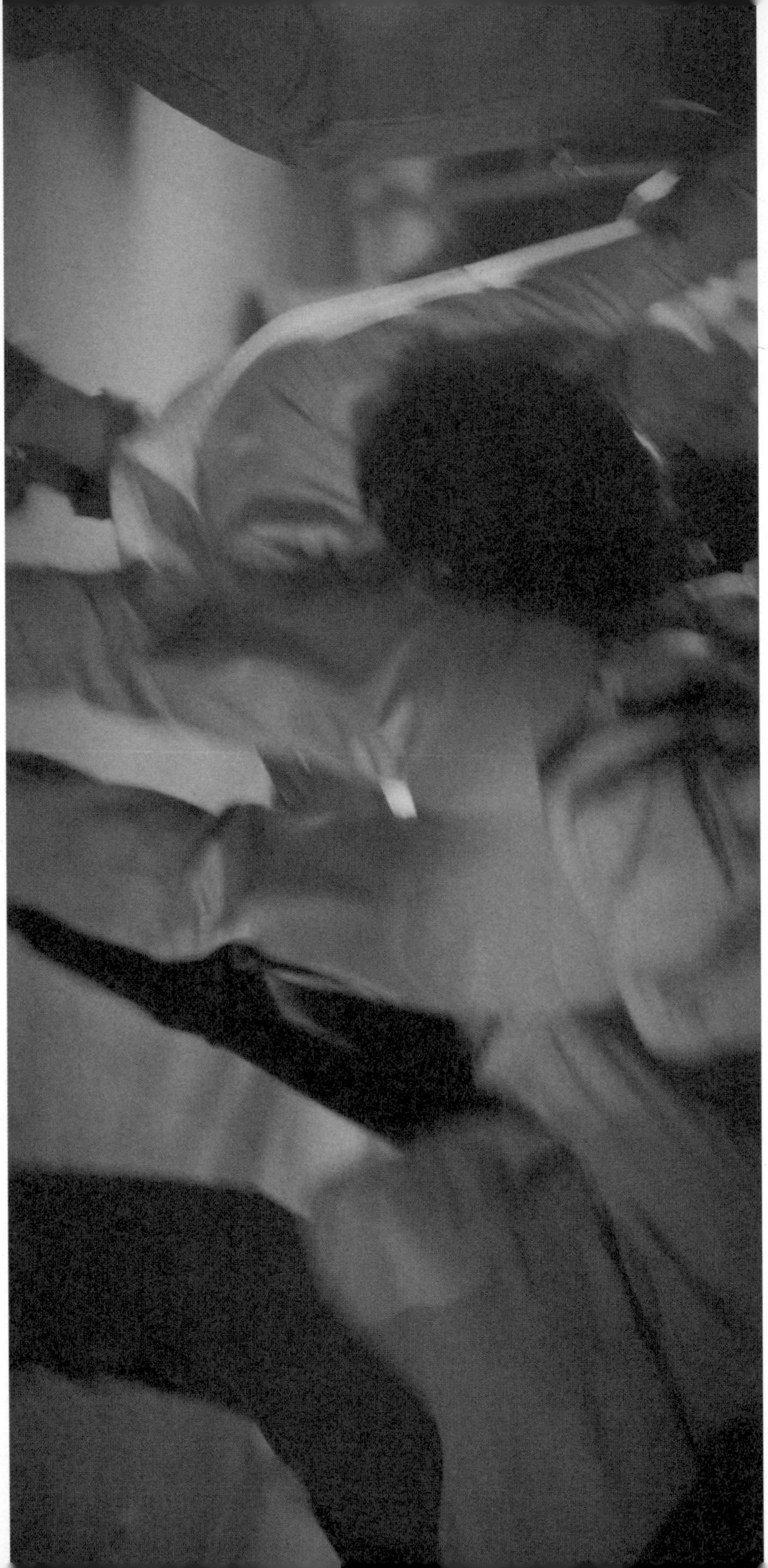

小強曾參與三十多年前的八九民運，親眼目睹北京天安門前的鎮壓（記憶重演）。（©《憂鬱之島》電影）

鎮壓後，小強的民主中國夢碎，當時他幾乎鎮日昏睡，不想起床面對現實（記憶重演）。（©《憂鬱之島》電影）

二〇一八年，小強參加學聯六十週年晚宴，當中不少參與者今日已失陷囹圄。（©《憂鬱之島》電影）

時至今日，小強和他的伙伴依然持續紀念六四。（©《憂鬱之島》電影）

年輕一代對香港的想像已和小強很不同。在維園裡，當小強和伙伴喊：「平反八九六四、追究屠城責任」，後面的年輕人則喊：「香港獨立、唯一出路」。（©《憂鬱之島》電影）

成長在英殖香港的楊宇杰於官方學校讀書時，對自己的民族身分感到困惑。（Ⓒ《憂鬱之島》電影）

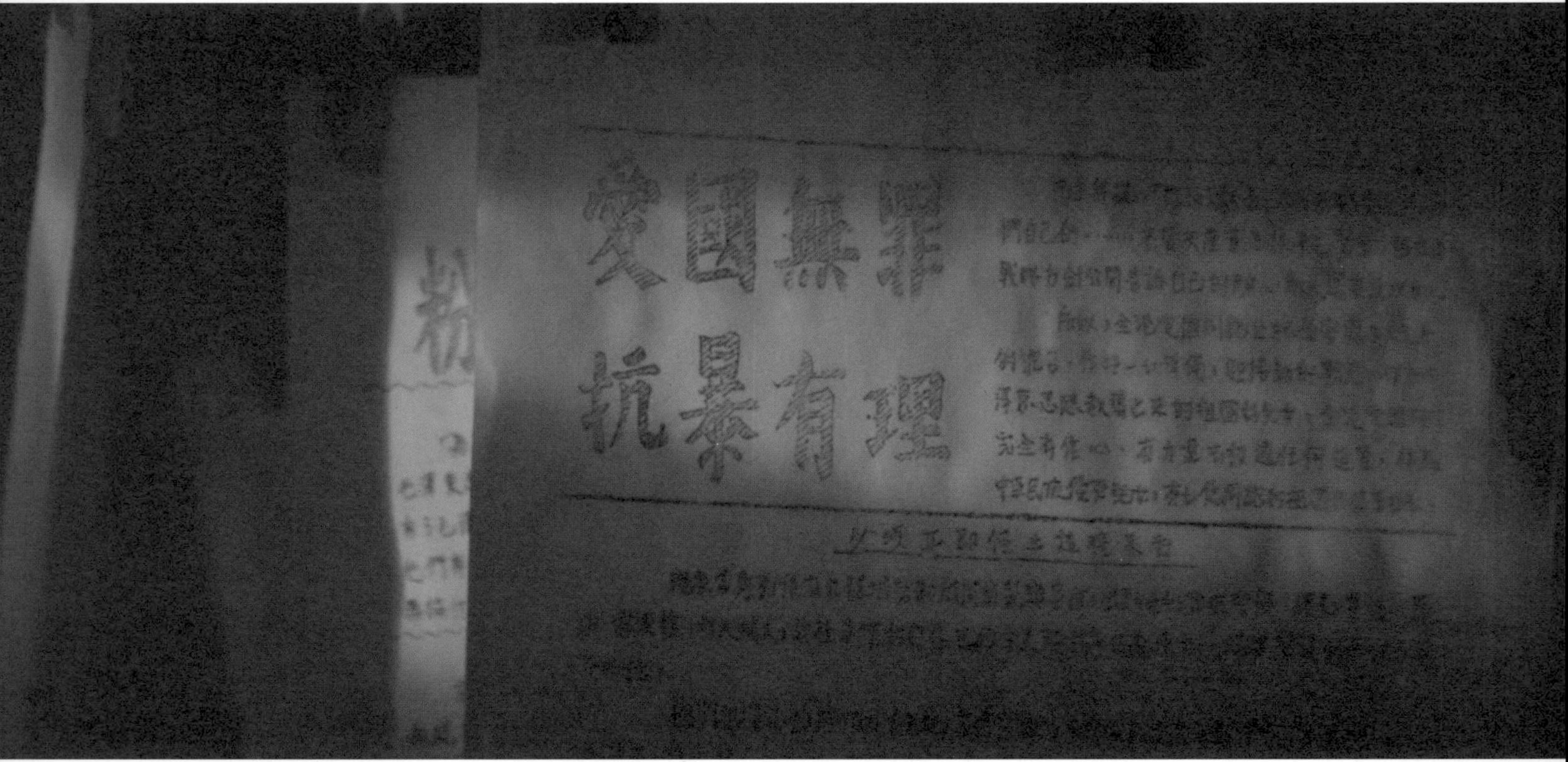

十六歲時，楊宇杰因印製支持六七暴動的傳單小報而入獄。（©《憂鬱之島》電影）

五十多年過去，回想當年入獄時的無怨無悔，現在的他依然相信他的國家嗎？（記憶重演）（©《憂鬱之島》電影）

他又如何回憶那場讓他變成「棄子」的暴動？（©《憂鬱之島》電影）

重演的演員都是素人，他們各自都有與角色呼應和衝突的地方。照片中，方仲賢正經由化妝師的手，一點一點地變成六四時期的林耀強。（©《憂鬱之島》電影）

飾演老陳夫婦的，是年輕人 Anson 和小凝。「他經歷的苦難跟我們所經歷的，一代又一代地重演。」小凝看著在維多利亞港海泳的陳老伯時這麼說。（©《憂鬱之島》電影）

小強由二〇一九年反修例運動期間的浸會大學學生會代表方仲賢演出，他所相信的香港與小強完全不同，正承受著一九後的強烈失落。（©《憂鬱之島》電影）

楊宇杰由年輕抗爭者譚均朗（阿朗）演出，現實中的他正等待暴動罪的審訊。（©《憂鬱之島》電影）

紀錄片中的重演是站在「今日」回看「過去」，同時展開與歷史的辯論和對話。（©《憂鬱之島》電影）

老陳夫婦與年輕的重演演員一起演出一九七三年時的文革場景（©《憂鬱之島》電影）

本土派年輕人方仲賢與追求民主中國的林耀強，兩人在法庭的場景內展開對話，這段內容最終沒有剪輯在電影中。
（©《憂鬱之島》電影）

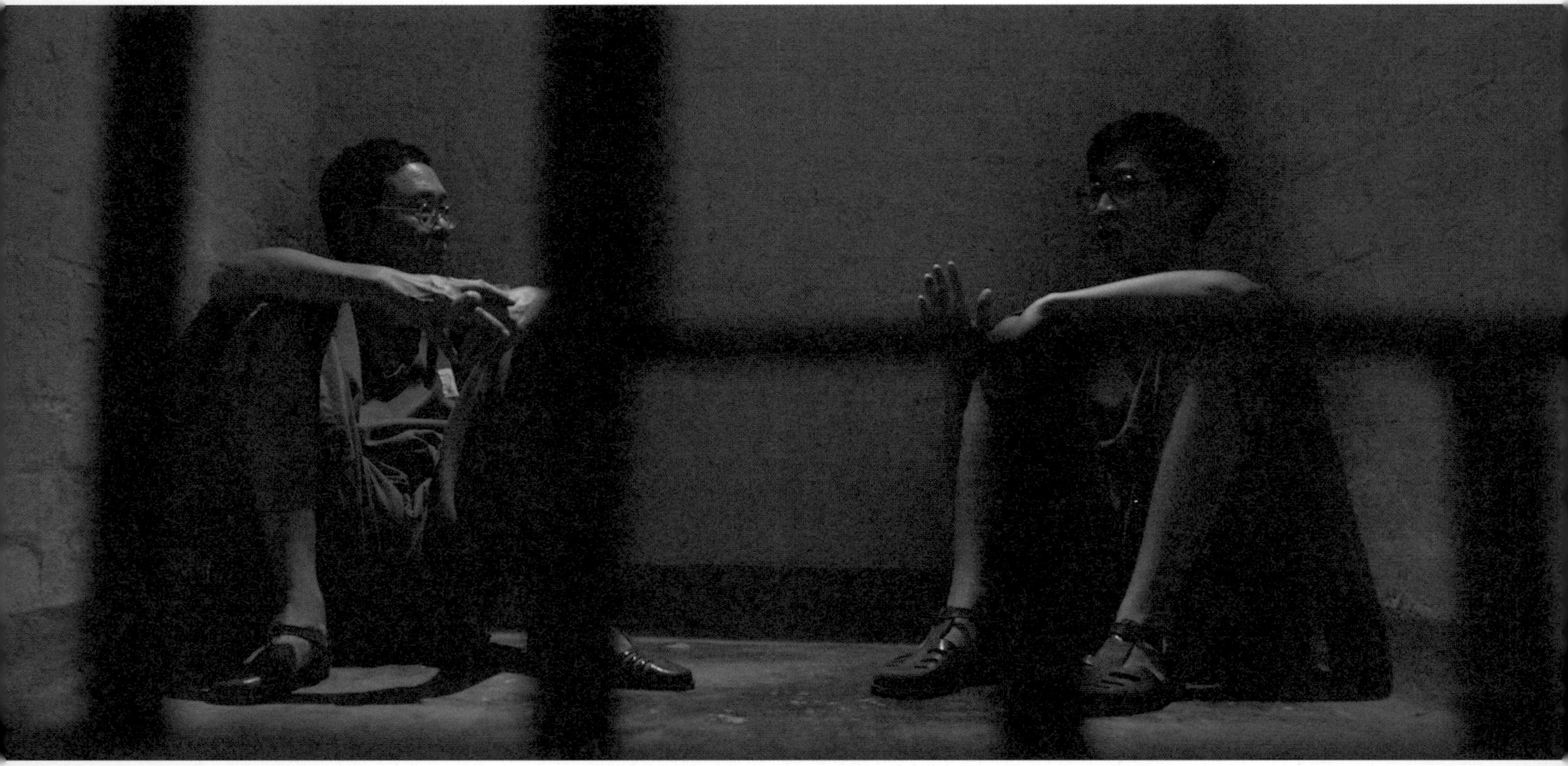

「我們香港人，這一百五十年來，有沒有哪一刻能主宰自己的命運？」楊宇杰與重演演員阿朗在獄中對談。現實中立場相異的他們有時會發出相同的喟嘆。（©《憂鬱之島》電影）

扮演自己的鐘耀華，他重演了當初占中九子案的法庭陳詞。陳詞最後他說：「我們，包括在座的各位，是有責任走出這個法庭、議事庭、媒體、一切中介去親自理解世界，體悟世情。這全都不是這個法庭可以告知的。」（©《憂鬱之島》電影）

即使掛起九號風球，老陳仍持續游泳。（©《憂鬱之島》電影）

「越山越水，越界少年；越海夢化，一縷清煙」，同一片海，是老陳為了自由而投奔的大海，是很多人化身亡靈的大海，也是今日很多人離開的大海。（©《憂鬱之島》電影）

在劇變下的香港，我們是否依然堅持？二〇二一年，紀念六四的維園燭光晚會被完全禁止，支聯會成員被逮捕。
（Ⓒ《憂鬱之島》電影）

阿朗面對暴動罪的審訊。還有很多年輕人與香港市民因為二〇一九年的反修例運動而被控各種罪名。（©《憂鬱之島》電影）

香港，對你來說是什麼？（©《憂鬱之島》電影）

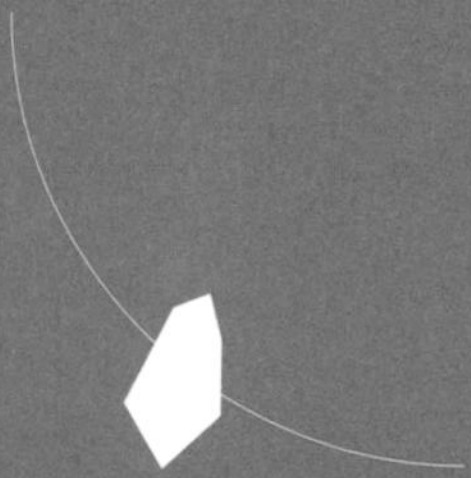

All Voices from the Island

島嶼湧現的聲音